Susanne Thomas-Grünewald

Sept. 99

... rund ums Haus

Heidi Howcroft

Pflaster für Garten, Hof und Plätze

Planen, Verlegen, Konservieren

Callwey

Zu Seite 2
Die Schönheit eines einfachen Belags: Der Kieselpflasterweg schlängelt sich fast wie ein Trampelpfad durch die Pflanzung.

Die Deutsche Bibliothek – CIP-Einheitsaufnahme
Pflaster für Garten, Hof und Plätze : Planen, Verlegen, Konservieren / Heidi Howcroft. – 4. Aufl. –
München : Callwey, 1996
(... rund ums Haus)
ISBN 3-7667-1215-2
NE: Howcroft, Heidi

4. Auflage 1996

Umschlagentwurf Baur + Belli Design, München, unter Verwendung der Abbildung 191
Lithos Scantrans, Singapur, und Longo, Frangart/Bz.
Satz, Druck und Bindung Ludwig Auer GmbH, Donauwörth
Printed in Germany 1996
ISBN 3-7667-1215-2

INHALT

VORWORT

Die Ausstellung »Die Kunst des Pflasterns« im Jahre 1985, das Ergebnis einer Auseinandersetzung mit dem Thema Natursteinpflaster war ein Versuch, Natursteinpflaster wieder ins Gespräch zu bringen und einem größeren Publikum von Laien und Fachleuten diesen Bereich zu öffnen. Die Zeit war reif, die Renaissance des Pflasterns war erwacht. Erst durch die Beschäftigung mit Planungen, die Umsetzung der erlernten Theorien, unterstützt durch Reisen im In- und Ausland wurde klar, daß das Thema breiter und komplexer ist, als es damals möglich war zu deuten. In fast jeder Stadt begegnet man dem Pflaster. Die Fragen zur Materialauswahl, Gestaltungsform und Ausführung wurden immer mehr. Nur bereits ausgeführte Beispiele, alte Lehrbücher und die eigenen Erfahrungen konnten einem bei der Suche nach Information helfen. Eine Quelle für viele Informationen und Ratschläge war der leider frühzeitig verstorbene Bundesinnungsmeister der Fachgruppe Straßenbau, Hans Ziegler. Unterstützt von seinem Mitarbeiter, Ingenieur Bernhard Kroiß, wurde er zum Ausbilder in Sachen »Pflaster« und führte zahlreiche Planer in die richtige Richtung.

Mit dem gesammelten Material sollte hier keineswegs ein Pflaster-Lehrbuch erscheinen, vielmehr ein Plädoyer für die richtige Anwendung des Materials. Das Schwergewicht des Inhalts liegt bei dem Natursteinpflaster, doch werden auch zum Thema Ziegelpflaster sowie Klinker ergänzende Anregungen gegeben.

Heute ist das Pflastern nicht durch Vergessenheit oder modisches Desinteresse bedroht, vielmehr durch einen Mangel an Nachwuchskräften für das Pflastererhandwerk. Es bleibt zu hoffen, daß die neue Begeisterung und die hohe Einschätzung des Pflastererhandwerks wieder einige gute Meister bringt.

Heidi Howcroft

ÜBER NATURSTEIN-, KLINKER- UND ZIEGELSTEINPFLASTER

Befestigte Flächen bilden einen erheblichen Teil von Gärten und öffentlichen Anlagen. Die Gestaltung dieser Wege, Plätze, Terrassen, Zufahrten und Straßen prägt das Erscheinungsbild und setzt Maßstäbe, die die Qualität der Gesamtanlage beeinflussen. Bedingt durch ihren architektonischen Charakter stellen diese Flächen eine Verbindung zwischen bebautem Raum (Gebäuden) und freiem Raum (Garten, Platz, Park) dar. Das Baumaterial des Gebäudes kann im Bodenbelag wieder aufgenommen werden.

Daß der Vorgarten oder Vorplatz als Aushängeschild für das gesamte Anwesen wirbt, ist bekannt. Das Begehen des Weges gibt den Ton an, den man hofft, auch im Inneren des Hauses fortgesetzt zu finden, und er vermittelt etwas vom Leben der Bewohner.
Leider wird in der Regel vom Hausinneren nach außen gearbeitet – gedanklich, wie auch in der Praxis –, so daß die Elemente der Außenanlagen oft wie Stiefkinder behandelt werden. Das Geld reicht nicht mehr aus, die vergoldeten Türklinken waren aber ein Muß. So wird außen vor allem am Bodenbelag gespart und ein Ersatz, der »fast« wie das Echte ist, verlegt. Vom Marmorboden im Flur zur leblosen »Pseudo-Natur« vor der Türschwelle – krasse Gegensätze, die den Eindruck des Hauses und damit auch das Image des Hausherrn prägen.
Äußerst klar ist dies in den neugebauten Siedlungen oder luxussanierten Stadtteilen zu sehen. Die gestalterischen Bemühungen an den Fassaden werden durch so etwas »Nebensächliches« wie den Weg zum Haus entwertet. Ein Blick über den Zaun auf die Villen der Gründerzeit, ein Spaziergang durch die Innenbezirke von Wien, Paris, London, Rom und Hamburg läßt uns die Frage, ob es früher anders war, mit ja beantworten. Der Gesamteindruck einer Anlage ist aus einem Guß, vom Gebäude bis hin zum Bodenbelag. Warum wird mit dem heutigen Wohlstand und technischem Know-how dieses Niveau selten erreicht? Ohne Zweifel spielt das Material und die Ausführung neben der Gestaltung eine entscheidende Rolle.
Nach der Nachkriegseuphorie für »neue Materialien unserer Zeit« erlebten Natursteinpflaster in den 80er Jahren eine Renaissance und werden inzwischen in Fußgängerzonen und auf Plätzen wieder verwendet. Die Zeiten liegen aber nicht weit zurück, als gesamte Naturstein- und Ziegelstraßen mit Asphalt überzogen wurden. In diesem Licht müssen wir diese »Renaissance« sehen. Die Werte vom Natursteinpflaster sind wieder erkannt worden.
Die große Konkurrenz für das Pflaster liegt im vielfachen Angebot von Alternativ-Ware. Auf den ersten Blick ähnlich, besteht keines dieser Produkte den Test der Zeit. Natursteinpflaster ist selbstverständlich aus Naturstein und Klinker- und Ziegelpflaster aus gebranntem Ton. Naturstein-, Klinker- und Ziegelpflaster bieten eine Fülle von Oberflächenstrukturen, Formen, Farben und Verlegungsarten. Zählt man Langlebigkeit und Flexibilität zum Bonus der Eigenschaften eines Naturmaterials, so sind dies ideale Pflastermaterialien.

2 Stadtplatz in Andalusien.
Licht und Schatten steigern die unterschiedliche Struktur des Kieselpflasters: abwechselnde Felder von länglichen, gleichgroßen Kieselsteinen, in Fischgrätmuster verlegt und rundliche Kiesel, wild verlegt. Dazwischen hochkant gesetzte Ziegelsteine als Trennung.
Albaicín, Altstadtviertel in Granada, Spanien.

Beide Belagsarten haben ihre eigene Handschrift wie auch ihre unterschiedliche regionale Verteilung. Ziegel waren immer eine Alternative zu Naturstein in den Gebieten, wo Naturstein nicht vorkommt, schwierig abzubauen oder nicht herbeizuschaffen war. Sowohl für ländliche als auch städtische Anlagen können geeignete Pflasterarten ausgesucht werden, die den örtlichen Charakter aufnehmen und sich in die Umgebung einpassen.

Warum sollte man sich für Naturstein-, Klinker- und Ziegelstein entscheiden, wenn die optischen Vorteile einleuchtend sind, aber die Kostenfrage einen doch überlegen läßt:

- Wiederverwendbarkeit
  Nach dem Recycling-Prinzip können beide Materialien mehrfach verwendet werden. Es werden nicht nur die Umweltbelange hiermit erfüllt, sondern auch wirtschaftliche Gesichtspunkte. Denn Naturstein- wie auch Ziegelpflaster behält seinen Wert. Altes, gebrauchtes Material hat Patina und damit seinen Reiz. Der Markt für Gebrauchtwaren, insbesondere für Sonderformen, ist rege.

- Langlebigkeit
  Dies ist eine Voraussetzung für die Wiederverwendbarkeit des Materials. Einige noch benutzbare Natursteinstraßen sind bereits 200 Jahre alt, Wohnhöfe aus Klinker vom Anfang des Jahrhunderts stehen heute noch prächtig da.

- Pflege
  Pflegeleicht in der Instandhaltung, sogar Ölflecken werden zum Teil aufgesaugt und gehen in der Patina unter. Bei der Neuverlegung von Rohren, Kanälen, Leitungen etc. können die Steine hochgenommen und später wieder eingesetzt werden.

- Kosten
  Investitionskosten, Lebensdauer, Pflege und Wartung bestimmen die Kosten. Über einen Zeitraum von mindestens 10 Jahren zahlt sich Naturstein-, Klinker- oder Ziegelpflaster aus. Hinzu kommt noch der bleibende Eigenwert des Materials.

- Variationen von Verlegungsarten
  Individuelle Möglichkeiten zum Verlegen des Belages für jede Situation.

In unseren Gärten und öffentlichen Anlagen schaffen wir Kulissen, »Illusionen« von Landschaftstypen, jeder seine eigene Form von Paradies. Dieses wird nicht nur durch den großen Wurf und die Pflanzung, sondern auch durch die Gliederung und Verteilung der Details erreicht. Dazu gehört das Pflaster. Die gezeigten Beispiele reichen vom einfachsten Gartenweg bis zum exotischen Platz. Musterhafte Pflasterungen aus dem Ausland werden ebenso vorgeführt wie das heimisch Vertraute.
Pflaster ist ein Beitrag zur Stadt- und Umweltgestaltung. Sei es im kleinen Raum des eigenen Gartens oder in weitläufigen öffentlichen Anlagen. Wer eine qualitätvolle Dauerwirkung haben will, eine Verschönerung für Anlagen jeder Größe und jeden Alters, sollte das echte Pflaster wählen: Naturstein, Ziegel und Klinker.

NATURSTEINPFLASTER

3 *Feine Nuancen zeichnen eine gut geplante Pflasterfläche aus. Hier drei unterschiedliche Größen von Kleinsteinpflaster: (von links nach rechts) Basalt, Carrara-Marmor, Granit, jeweils in eine andere Verlegungsart gesetzt. Der Marmorstreifen belebt die Fläche, gleichzeitig stellt er eine klare Grenze zwischen Halbschuppen- und Segmentpflaster dar.*

Maßgebend für die erfolgreiche Anwendung von Natursteinpflaster ist die Kenntnis der Eigenschaften des Materials. Die Kombination von theoretischem Wissen und praktischen Erfahrungen ist äußerst wichtig. Natursteinpflaster ist ein kostbares Material. Deshalb sind Pflasterflächen an markanten und prägnanten Stellen zu finden. Vor Planungs- und Arbeitsbeginn sollen bereits ausgeführte Beispiele von Pflasterungen ausgesucht werden, um sich über die Möglichkeiten von Natursteinpflaster zu informieren.

Eine Pflasterfläche besteht aus drei Komponenten:
- Das Steinmaterial
- Die Steingröße
- Die Verlegungsart

EIN WEGWEISER DURCH DAS NATURSTEINMATERIAL

Die wichtigsten und gängigsten Pflastersteinarten werden hier aufgegriffen. Geologische Fachbücher geben ausgiebige Informationen über das Entstehen und die Vorkommen der Gesteinsarten wie auch über deren Verbreitung. Für die Auswahl von Pflastermaterial gelten neben den örtlichen Vorkommen von Gestein folgende Punkte:

- Die Frostbeständigkeit des Gesteins: Regionale Wetterunterschiede, vor allem Bodenfrost, spielen eine wichtige Rolle und sollten auf jeden Fall bei der Auswahl berücksichtigt werden.
- Fast alle Steinfarben dunkeln mit der Zeit nach, ein natürlicher Prozeß, verursacht durch Witterung, Abnutzung, insbesondere durch Befahren mit gummibereiften Fahrzeugen.

GRANIT

Granit ist die Grundmasse vieler Gebirgsmassen. Weiche, runde Gebirge zeichnen diese Gebiete aus. Granit kommt aus der Familie der Plutonite, auch Tiefengestein oder Hartgestein genannt, das eben besonders hart und belastbar und dadurch besonders für Bodenbelag und Straßenbau geeignet ist.

Die Grundstoffe sind Quarz, Feldspat und Hornblende (Glimmer). Vereinfacht gibt Quarz Granit den Glanz, Feldspat die Härte und Grundfarbe und Glimmer die dunklen Sprenkel. Bei den einzelnen Granitvorkommen sind die Mischungen dieser drei Grundstoffe verschieden. So reicht die Farbskala von Granit von Dunkelrot, Gelb, Grau bis hin zu Anthrazit, alle Zwischenschattierungen sind vertreten. Hinzu kommt die unterschiedliche Körnung des Gesteins. Granit ist ein vollkristallines Gestein, mit Korngrößen zwischen 01 und 10 mm. Im Handel stehen fein-, mittel- und grobkörnige Granite zur Verfügung.

Zwei Güteklassen werden angeboten:

- Güteklasse I: Ausgesuchte Steine innerhalb einer Gesteinsgröße mit sehr geringer Toleranz
- Güteklasse II: Steine mit größeren Toleranzen in Farbe und Größe

Die Abbaugebiete in der Bundesrepublik beschränken sich auf die alten Gebirgsmassen wie Harz, Fichtelgebirge, Bayerischer Wald, Schwarzwald oder Odenwald.

Ausgewählt aus dem vielfältigen Angebot von Granit sind nachfolgend die gängigen Granite aufgeführt, alle nach dem Steinbruch benannt, in dem sie vorkommen:

Aus dem Bayerischen Wald:

Paradies:	grau-blau gesprenkelter Granit
Tittling:	hell-grau-stark schwarz gesprenkelter Granit
Nammeringer:	gelb-brauner, mittelkörniger Granit
Fürstenstein:	blau-grauer, stark gesprenkelter Granit
Herschenrieder:	hellgrau mit feinen Sprenkelungen

Aus dem europäischen Ausland:

Schwedischer Granit	rot-brauner, mittelkörniger Granit, gotenrot oder imperialrot. Er war immer ein beliebtes Pflastermaterial in Norddeutschland.

Auskunft über den Abbau und die Vorkommen von Granit erteilt die Fachabteilung Granitindustrie, Bayerischer Wald, mit Sitz in Passau, wie auch die zahlreichen Kontorbüros, die in der Bundesrepublik verteilt sind.

Inzwischen wird viel Granit aus Portugal angeboten. Hier entsprechen die Güteklassen nicht ganz den bundesdeutschen Normen, und es muß damit gerechnet werden, daß Größen und Farben innerhalb einer Sendung variieren.

PORPHYR ODER PALÄOTRACHYT, RHYOLIT

Porphyr gehört zu den Vulkaniten. Das sind Gesteine, die die Erdoberfläche als flüssiges Vulkangestein erreicht haben und in unterschiedlicher Form abgekühlt und erstarrt sind. So haben die Vulkanite unterschiedliche Charakteristiken, vor allem unterschiedliches Kristallwachstum und Dichte. Dadurch ist die Qualität des Gesteins von Abbaugebiet zu Abbaugebiet verschieden. Obwohl Vulkanite dichte Gesteinsarten sind, sind sie nicht immer frostsicher. In der Regel ist Porphyrgestein aus tiefen Lagen frosthart, Porphyr an der Oberfläche abgebaut ist nicht garantiert frostsicher.
In Gebieten mit häufigem Bodenfrost kann die Notwendigkeit der Verwendung von frostharten Gesteinen nicht genügend beachtet werden. Abblättern, Risse in den Steinen sind die Ergebnisse der Verwendung von nicht frosthartem Material. Ein Nachweis über die Frostbeständigkeit des Materials sollte auf jeden Fall vom Lieferant oder direkt vom Steinbruch gefordert werden.
Der Name Porphyr stammt aus dem Griechischen und bedeutet purpurfarbig. Die Farben reichen von tiefem rötlichem Purpur bis grünlich, je nach Verteilung des Grundstoffes und Eisengehaltes. Feldspat und Chlorit sind die Hauptgrundstoffe. Die rötliche Färbung stammt vom verschieden oxydierten Eisengehalt des Steins. Vorkommen in der Bundesrepublik sind im Schwarzwald und im Freiburger Becken.
Eine Hauptquelle für Porphyr ist Norditalien. Bei Steinen dieser Region muß auf die Frostbeständigkeit geachtet werden.

BASALT

Basalt wird seit neuestem wieder vermehrt im Handel angeboten. Wegen der Rutschgefahr der Oberfläche wurde diese Gesteinsart lange Zeit kaum angeboten und wurde beim Bau von öffentlichen Anlagen als Bodenbelagsmaterial abgelehnt.
Um die Jahrhundertwende wurde Basalt, die größte Gruppe innerhalb der Vulkanfamilie, häufig im Straßenbau und als Zierpflaster verwendet. Die Grundstoffe sind Feldspat und Augit, die dem Basalt seine Dichte, Feinkörnigkeit und Härte geben. Dies sind genau die Eigenschaften, die zum glatten, schwarzen bis schwarz-grauen Basalt führen. Zu beachten ist, daß bei starker Sonneneinstrahlung Basalt fleckig wird und splittert.
Eben wegen des leichten Splitterns ist es schwierig, große Steine im Steinbruch zu spalten. So sind Basalte hauptsächlich in kleinen Formen lieferbar.
Aus historischen Anlagen ist bekannt, daß natürliche Vorkommen von polygonalen Basaltstelen als Bodenpflaster verwendet wurden. In der Regel wurden diese Blöcke unbearbeitet in großen Formaten (ca. 35 cm im Durchmesser) in den Boden gesetzt.
Die Vorkommen in der Bundesrepublik sind Westerwald, Eifel, Oberpfalz, Rhön.

GRAUWACKE

Ein Sedimentgestein, wird Grauwacke hauptsächlich in Gebieten mit wenig oder schwachem Bodenfrost verwendet, denn wie alle Sediment-

gesteine hat Grauwacke keine große Härte und ist dadurch witterungsanfällig. Im Vergleich zu anderen Sedimentgesteinen hat Grauwacke eine relativ hohe Druckfestigkeit.
Die Grundstoffe sind Quarz und Feldspat, zusammen mit den verschiedensten, kleinsten organischen und anorganischen Teilen. Verwitterter Stein wie auch Reste von Pflanzen und kleinen Tieren, die zusammengepreßt und schichtenweise abgelagert sind, kennzeichnen die Sedimentgesteine. Der Abbau und das Spalten in regelmäßigen Blöcken sind relativ leicht. Die Farben dieses feinkörnigen Gesteins reichen von Gelblich-Grau bis Beige.
Vorkommen in der Bundesrepublik: Rheinisches Schiefergebirge, Harz, Westerwald, Bergisches Land.

SANDSTEIN

Sandsteine bilden eine große Gruppe von Gesteinen, die unterschiedlich entstanden sind, unterschiedliche geologische Zuordnungen haben und je nach Vorkommen anders aussehen. Viele sind witterungsbeständig, andere weniger. Daher empfiehlt es sich, genaue Informationen über die Härte des Steines einzuholen. Gegenüber Frost und Tausalz widerstandsfähige Sandsteine sind zum Beispiel der Ruhrsandstein und seit Jahrzehnten abgebaute Weserhartsandsteine: Karlshafener (rot) und Trendelburger Schichten (graubunt).
Ein anderer interessanter Sandstein ist der rotbräunliche Kirtschevit-Sandstein aus Bulgarien, der sich als frostfest erwiesen hat.
Weitere Sandsteine werden nur regional verteilt als Pflaster verwendet. Nicht jeder Sandstein ist als Pflastermaterial geeignet, da viele zu weich sind. Wie bei Porphyr wird empfohlen, nach der Frostbeständigkeit, als auch nach der Härte des ausgesuchten Steins zu fragen. Die Farbskala von Sandsteinen reicht – je nach Steinbruch – von hell-beige-grau bis hin zu rötlichen und grünlichen Steinen. Wie Granite sind Sandsteine in verschiedenen Körnungen erhältlich.
Vorkommen in der Bundesrepublik:
roter Sandstein: Niedersachsen (Wesersandstein), Unterfranken (Mainsandstein), Schwarzwald; gelber Sandstein: Unterfranken, Württemberg; Buntsandstein: Pfalz; grüner Sandstein: Unterfranken (Grundensandstein).

KALKSTEIN

Wie viele Gesteine hat Kalksteinpflaster ein begrenztes geographisches Verwendungsgebiet. Dieses Gestein ist ein Sedimentgestein, das zu der Untergruppe Niederschlagsgesteine zählt. Die Gesteinspartikel wurden nicht abgelagert, sondern aus der Lösung von Partikeln ausgeschieden, insbesondere von Pflanzen- und Tierresten. Es treten daher häufig Versteinerungen auf. Trotz der geringen Härte der Kalksteine werden vereinzelte Sorten auch in frostgefährdeten Zonen verwendet, z. B. der Bernburger Kalkstein, ein cremefarbiger, feinkörniger Kalkstein, der meistens nur als Mosaikstein in kleinen Mengen in historischer Pflasterung vorkommt.

MARMOR

Als einziges Mitglied der Sedimentsteine können einige Marmorsteine unbedenklich in frostempfindlichen Gegenden verwendet werden. Marmor ist besonders engporig und dadurch frostbeständig. Je nach Mineralgehalt reichen die Farben des Marmors von grau, rötlich, grünlich bis hin zu schwarz und schneeweiß.
Eine der berühmtesten weißen Marmorarten ist nach dem Abbaugebiet in Italien Carrara genannt und wird öfters in Ornamentpflasterung verwendet. Ähnliche Qualität hat der »Lasa«-Marmor, weiß, kristallin und engporig. Zu vermerken ist, daß sich weißer Marmorstein unter einem Kupferdach oder um ein Kupferrohr nach einer gewissen Zeit mit einem grünen Schimmer überzieht.
Vorkommen in der Bundesrepublik: Rheinisches Schiefergebirge, Harz, Westerwald, Bergisches Land.

4 Die Vielfalt von Steinmaterial im Mosaiksteinpflaster: Basalt, Grauwacke, Kalkstein, Granit u. a., in einem bunten Muster zusammengesetzt.
Ausgeführt in Wiesbaden um die Jahrhundertwende während des Höhepunktes der Pflasterkunst.

SELTENE GESTEINSARTEN

Gesteinsarten, die heute selten, kaum oder nur als Gebrauchtpflaster erhältlich sind, wurden in der Vergangenheit noch mehrfach als Straßen- und Bodenpflaster verwendet. Die Auswahl von Steinmaterialien, die heute zur Verfügung stehen, ist im Vergleich zum Angebot vor ca. 80 Jahren sehr begrenzt. Wie mager das Angebot heute ist, wird dann klar, wenn man historische Anlagen betrachtet, z. B. in Wiesbaden, wo eine Fülle von Material wie Kalkstein, Basalt, Marmor, Sandstein, Granit etc. in allen Farbnuancen verlegt wurde.
Wirtschaftliche Rezession, Rückgang in der Verwendung von Naturstein überhaupt, Ausschöpfung und Auflassen von Steinbrüchen haben zu diesem Mangel beigetragen. Hier stößt man für die Denkmalpflege, bei der Wiederherstellung oder Instandsetzung von historischen Anlagen bereits auf das erste Problem. Es wird zunehmend schwieriger, nicht nur das geeignete Material, sondern auch die richtige Farbgebung und Korngröße zu beschaffen.
Zu der Liste der seltenen Gesteinsarten gehören einige der besonderen Kalk- und Marmorsteine.

SYENIT

Ein Tiefengestein, verwandt mit Granit, dessen Name vom ägyptischen Ort Syene, jetzt Assuan, stammt.
Aus den berühmten Steinbrüchen in Assuan wurden viele der Obelisken und Statuen Altägyptens gehauen. Die Grundstoffe sind Feldspat und Hornblende mit kaum einer Spur von Quarz. Die Syenite werden je nach dunklem Gemengteil in Diotit-Syenit und Augit-Syenit unterteilt. Wie Granit besitzt Syenit eine große Druckfestigkeit und Dauerhaftigkeit. Die Farben reichen von rötlich, braun-gelblich bis violett, grünlich und sind mittel- bis grobkörnig.
Die Vorkommen in der Bundesrepublik sind sehr begrenzt und kaum nennenswert. Bei den noch dazu geringen Mengen lohnt sich ein Abbruch kaum.

DIORIT

Wie Syenit ist Diorit ein quarzarmes Gestein aus dem Grundstoff Feldspat und Hornblende. In Deutschland ist der Diorit wenig verbreitet, und zwar im Harz, Thüringer Wald und Schwarzwald. Die Farben sind dunkel bis schwärzlich.

TRACHYT

Trachyt gehört zu den jüngeren Vulkaniten. Der Grundstoff ist vorwiegend Feldspat, der ihm die hell- bis dunkelgraue Farbe verleiht. Wie bei allen Steinen deutet der Name (Trachyt = griechisch »rauh«) auf die Eigenschaften des Steines hin, der eine rauhe, poröse Oberfläche hat. Wegen der rötlichen Einsprenkelung wird der Stein oft mit Porphyr verwechselt.
Vorkommen in der Bundesrepublik: Eifel, Westerwald.

DIABASE, PALÄOBASALT ODER MELAPHYR

Dieser Stein ist unter vielen Namen bekannt, nicht zuletzt auch unter dem Namen Grünstein. Angedeutet im Namen Diabas (griechisch »Übergang«), bildet dieser Stein eine Gruppe von Steinen innerhalb der Vulkanite, alle mit ähnlichen Charakteristiken. Der Grundstoff ist fast ausschließlich Feldspat, die Korngröße ist von fein- bis grobkörnig sehr unterschiedlich. Die Steine haben einen grau-grünlichen Stich und eine sehr hohe Druckfestigkeit.
Vorkommen in Deutschland: Harz, Thüringer Wald, Fichtelgebirge.

STEINFORMATE: VOM GROSSSTEIN BIS ZUM SPALTSTEIN

Zur Wahl stehen bearbeitete und unbearbeitete Steine. Bearbeitete, im Steinbruch gewonnene und in entsprechende Größen gespaltene Steine finden heute breitere Verwendung als die unbearbeiteten Feld- oder Flußkieselsteine.
Gleichmäßige Größe, eben geschlagene Seiten und Kanten zeichnen die bearbeiteten Steine aus: Bei fast allen Steingrößen gibt es die Wahl zwischen gebrauchten, d. h. alten Steinen und neuem Material. Bei der Reparatur und Instandsetzung von historischen Flächen sollte nur gebrauchtes Material verwendet werden. Die Steine sind abgeschliffen und besitzen die richtige Patina, so daß sie sich in eine Anlage einfügen und nicht hervorstechen. Die Steinhalden und Steinlager der Gemeinden und Städte wie auch der alteingesessenen Pflastererfirmen können wertvolle Bezugsquellen für gebrauchte Pflastersteine sein.
Neues Material aller Gesteinsarten ist durch sichtbare Spaltkanten und rauhe Oberflächen gekennzeichnet. Nicht jede Gesteinsart ist in jedem Format erhältlich. Es ist zu empfehlen, sich vor Planungsbeginn über die Verfügbarkeit des gewünschten Materials zu informieren.
Die Steingrößen werden nach DIN 18502 in Normgrößen zugeordnet und werden in zwei Gütegruppen geliefert.

- Güteklasse I: Sortierter Stein nach Größe und Farbe
- Güteklasse II: Unsortierter Stein mit großen Toleranzen in Größe und Farbe

Viele der historischen, gebrauchten Pflastersteine liegen außerhalb der DIN-Norm, sind jedoch bestimmten Gruppen zuzuordnen.
Bei allen abgebauten Gesteinsformaten unterscheidet man zwischen Kopf- und Fußfläche. Jeder Stein hat eine eindeutige Kopffläche, die in der Regel glatter und eine Nuance größer als die Fußfläche ist. Die Kopffläche sollte immer an der Oberfläche liegen. Schlecht gepflasterte Flächen sind durch eine Verwechslung der Kopf- und Fußflächen gekennzeichnet, was zu einer sehr unregelmäßigen, unbequemen Gehfläche führt.

AUS DEM STEINBRUCH GEWONNENES STEINMATERIAL – GROSSSTEINPFLASTER

Das Großsteinpflaster bietet die meisten Varianten in Größe und Format. Viele dieser Steine sind Sonderformate, die einen historischen Ursprung haben. Sie werden selten neu hergestellt und entsprechen nicht den heutigen Normen.
Neues Material wird nach DIN 18502 für Pflastersteine und Natursteine abgebaut. Danach hat Großsteinpflaster eine zugelassene Breite von 15–17 cm, eine Länge von 16–22 cm und eine Höhe von 14–16 cm. Großsteinpflaster aus Basalt, Diorit, Grauwacke und Melaphyr sind etwas kleiner, haben eine Breite von 11–15 cm, eine Länge von 14–22 cm oder 12–18 cm und eine Höhe von 13–15 cm. Das Großsteinpflaster wird im Steinbruch aus größeren Blöcken von Hand mit Preßlufthammer und Kantkeilen auf das vorgegebene Maß gespalten. Innerhalb der Güteklassen beträgt die Toleranz bei Güteklasse I ± 1 cm, bei Güteklasse II ± 1,5 cm.
Das Spektrum der historischen Formate reicht von Verbindungs- und Ansatzsteinen bis hin zu Füllsteinen. Regionale Unterschiede bis zur Normierung der Steingröße sind der Grund für diese breite Palette. Die Städte Paris, London und Wien weisen alle ihre eigenen Großsteinformate auf.
Der Handel mit gebrauchtem Material hat dazu geführt, daß innerhalb Europas die Verteilung der Formate nicht mehr regional beschränkt ist.

*5 Bearbeitete und unbearbeitete Steine, kombiniert in einer Straßenpflasterung:
Katzenkopfpflaster, typisches Straßenpflaster, verwendet in ganz Europa. Die Anbindung einer Entwässerungsrinne aus Großsteinpflaster deutet auf eine spätere Ausführung hin. Albaicín, Altstadtviertel in Granada, Spanien.*

6 Altes Granit-Großsteinpflaster, durch Gebrauch abgenutzt.

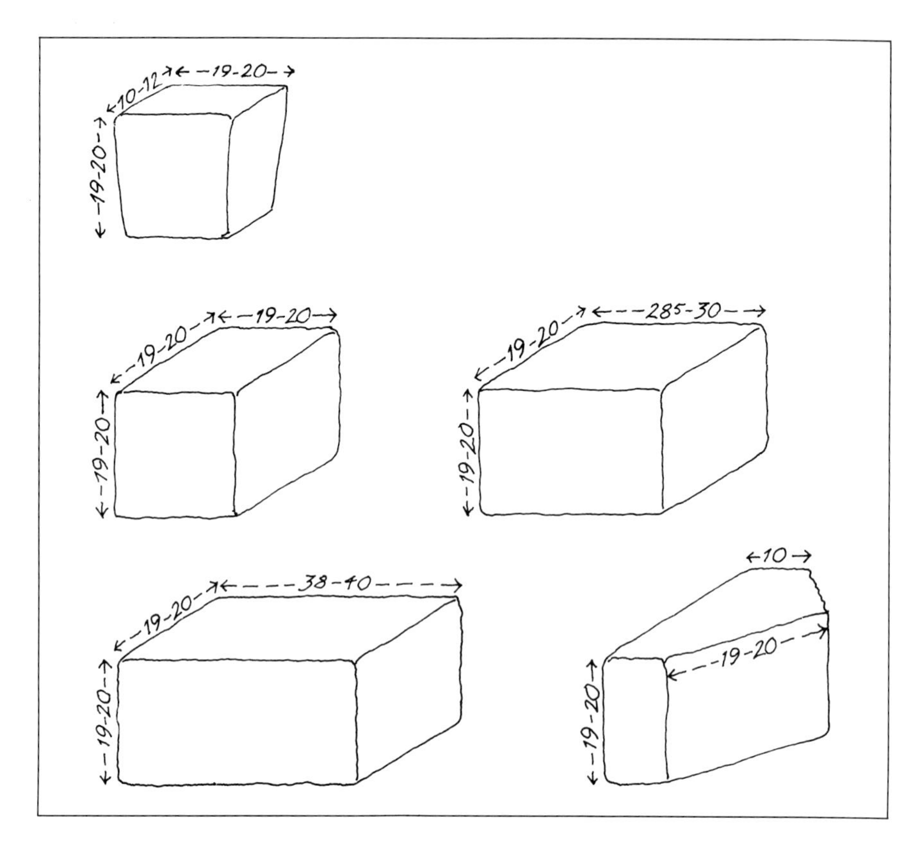

7 Historische Formate von Großsteinpflaster. Von oben links nach rechts: Prismen, Würfel, Binder, Doppelstein, Fünfeckstein.

- Würfel: Kuben mit Kantenlängen von 19–20 cm. Jede Fläche kann als Kopffläche verwendet werden. Durch Abnutzung wird die Kopffläche und die Kante gewölbt, so daß bei gebrauchtem Pflaster die Kopffläche vorgegeben ist.
- Prismen: Der Name des Steins ist nicht ganz korrekt und leicht verwirrend, da der Stein eine abgestumpfte Pyramide darstellt. Die Höhe und Länge betragen 19 cm, die Breite beträgt 10–12 cm. Hierbei handelt es sich um eine der ältesten Pflasterarten.
- Kopfel: Eine eindeutige Kopffläche von 17×17 cm ist vorgegeben. Die Fußfläche ist etwa um 3 cm kleiner.
- Binder oder Anderthalber: Entspricht der ein- und einhalbfachen Länge (28,5–30 cm) des Großsteins (Würfel). Pflasterstein, der besonders wichtig ist, um die Regelmäßigkeit und den Übergang der Pflastermuster zu gewährleisten. Nach DIN 18502 ist ein Anteil von 10% Binderstein zu liefern.
- Doppelstein: Entspricht der Größe von zwei Würfelsteinen nebeneinandergelegt. Die Länge beträgt 38–40 cm, die Breite und Höhe ist die eines Würfelsteines. Dieses Steinformat wie auch die Binder und Würfel wurden angeblich in Wien verwendet und von hier aus im deutschsprachigen Raum verbreitet.
- Fünfeck oder Bischofsmütze: Wichtiger Ansatz- und Verbindungsstein. Wie der Name besagt, hat der Stein fünf Seiten. Die Ansatzkante der Kopffläche beträgt 19–20 cm, die seitlichen Kanten 10 cm. Die Höhe entspricht dem Würfelstein mit 19–20 cm.
- Dreieck: Analog zum Fünfeck, jedoch mit drei Seiten, jeweils mit Längen zwischen 19–20 cm.

KLEINSTEINPFLASTER

Das Kleinsteinpflaster ist eine Entwicklung des Straßenbaus, ein handliches und regelmäßiges Steinmaterial, das leicht und schnell verlegt werden kann. Eingeführt in der 2. Hälfte des 19. Jahrhunderts in Stade vom Königlichen Baurat F. Gravenhorst, verbreitete sich dieses Pflaster schnell als Straßen- und Platzpflaster, bis es um 1900 in fast allen Großstädten vertreten war.
Früher als Doppelmosaik bekannt, entspricht die Größe dem Zweifachen eines Mosaiksteines. Nach DIN 18502 sind die Steinformate in drei verschiedene Größen aufgeteilt:
- Gruppe I: 10×10×10 cm
- Gruppe II: 9× 9× 9 cm
- Gruppe III: 8× 8× 8 cm

Die Seitenlängen der Kanten haben eine Toleranz von ± 1 cm, in Güteklasse I, in Güteklasse II von + 2 cm bis − 1 cm.
Zusätzlich ist von der alten Pflasterfläche ein Maß 11×11 cm bekannt. Der Pflasterer selbst benutzt die DIN-Größe selten. Er bezieht die Toleranzen mit ein und bezeichnet die Steine als 7/9 cm, 8/10 cm und 9/11 cm, da die Steine auch so geliefert werden.
Steinformate sind die Köpfel, Fünf- oder Dreiecke, wobei die Dreiecksteine nach Bedarf am Ort vom Pflasterer geschlagen werden, und die Fünfecke sehr selten sind.

MOSAIKSTEINE

Der Name ist vom antiken Kunst-Mosaik abgeleitet. Nach DIN 18502 sind die Steine in drei Gruppen gegliedert:
- Gruppe I: 6×6×6 cm
- Gruppe II: 5×5×5 cm
- Gruppe III: 4×4×4 cm

Neues Material ist nur in Güteklasse I lieferbar. Danach haben die Kantenlängen eine Toleranz von ± 1 cm.
Als historisches Steinformat ist der »neue Berliner« von 3–4 cm Kopffläche, 6 cm hoch, eine Prismen- oder Würfelform, zu bezeichnen. In den Polizeivorschriften von Berlin (1907) war hinter der Kante des Bürgersteigs zur Bauflucht ein Streifen von Mosaikpflaster verlangt.

UNBEARBEITETE STEINFORMATE – RUNDSTEINE, KATZENKOPF

Rundsteine sind aufgelesene Feldsteine mit einem Durchmesser von 15–25 cm. Es sind Findlinge, die unbearbeitet in das Erdreich gesetzt werden. Bis in das 19. Jahrhundert waren viele Straßenpflasterungen aus Rundsteinen eine gewölbte, bucklige Oberfläche, die unbequem zu befahren war.
Ausgesuchte Findlinge, sortiert in Größen, werden nach wie vor als Bodenbelag geliefert.

8 Marktplatz in Como, Italien, mit Katzenkopfpflaster gepflastert.

KIESELSTEINE

Wie die Feldsteine sind die Flußkiesel gewaschene, glatte Steine von länglichem oder eierförmigem Format. Die Steine werden längs in das Bett gelegt, sie sind in verschiedenen Größen und Formen von Weiß bis Grau und sogar bis hin zu Schwarz erhältlich und werden vorsortiert geliefert.

SPALTSTEINE

Geschlagene und aufgespaltene Rund- oder Kieselsteine. Die aufgespaltenen Flächen werden als glatte Kopffläche verwendet. Der Rest des großen Steines wird in das Unterbett oder Erdreich gesetzt.

9 Bescheidener Vorplatz einer Moschee, gepflastert in sortierten gleichgroßen, reihenweise gesetzten Kieselsteinen. Cordoba, Spanien. ▽

10, 11 Spaltsteine, Findlinge und große Kieselsteine, in der Hälfte gespalten. Die Spaltfläche wird als Kopffläche verwendet, der restliche Stein ins Unterbett gesetzt. ▷

DIE VERLEGUNGSART – GRUNDVOKABULAR DES PFLASTERMUSTERS

Erst bei der Verlegung erhalten die Pflasterflächen ihr typisches Aussehen. Obwohl die Verlegungsarten je nach Reihenfolge und Anordnung der Steine unterschiedlich sind, sind sie zum großen Teil auf erkennbaren geometrischen Prinzipien aufgebaut. Diese Prinzipien sollten klar ablesbar sein. Die Steingröße bestimmt den Maßstab, und nicht jedes Steinformat ist für jedes Verlegungsmuster geeignet.
Drei Maximen sind bei der Verlegung der Steine wichtig:

- Korrekte Verlegungsart für die Steingröße
- Richtiges Verlegungsmuster für die Situation
- Fachmännische Ausführung

Ab 1980 etwa erlebten wir eine Renaissance in der Verwendung von Natursteinpflaster. Fast als ob es sich um etwas ganz Neues handelte, ist Pflaster »in«. Daß es vielmehr eine der ältesten Belagsformen ist, wird selten erkannt. Parallelen zum Stand des Pflastererhandwerks im 18. Jahrhundert tauchen auf. Damals wurden die Kenntnisse des Straßenbaues, die seit dem Verfall des Römischen Reiches in Vergessenheit geraten sind, wieder mühsam gesammelt. Der römische Straßenbau und damit auch das Pflastern waren ein Bestandteil des Kriegs-, Verwaltungs- und Ordnungsprinzips des Römischen Reiches. Das technische Können der Römer ist heute noch in den geradlinigen Straßen, die Europa durchkreuzen, spürbar. Die Kenntnisse gingen schnell verloren. Steinformate, Verlegungsarten und Unterbau mußten alle in der empirischen Methode erprobt werden.
Lange Zeit wurden die aufgelesenen Steine einfach ins Erdreich gesetzt oder verwendet, um Unebenheiten auszugleichen. Erst im 18. Jahrhundert wurden Regeln über die »Regelmäßigkeit« beim Setzen von Steinen und der Verwendung eines Unterbettes eingeführt. Die Vielfalt der Pflastermuster, vor allem die Verwendung von bearbeitetem Steinmaterial, stammt aus dem späten 19. Jahrhundert. An dieser Zeit können wir uns bei der heutigen Pflasterung ein Beispiel nehmen und es auf die jetzigen Bedürfnisse umsetzen.

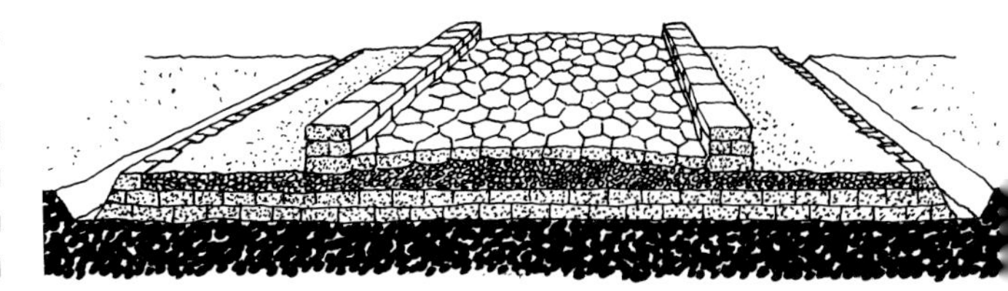

12 Querschnitt durch eine römische Zyklopenpflasterstraße, nach hochentwickelten Konstruktionsprinzipien ausgeführt. Daß die Straßen für die Ewigkeit gebaut wurden, bestätigen die noch erhaltenen römischen Straßen, die sich schnurgerade durch die Landschaft ziehen.

*13 Verzahnung von drei Verlegungsarten, Reihen-, Segment- und Kieselsteinpflaster. Selbstverständlich und mit großem Können ausgeführt.
Altstadt von Dachau.*

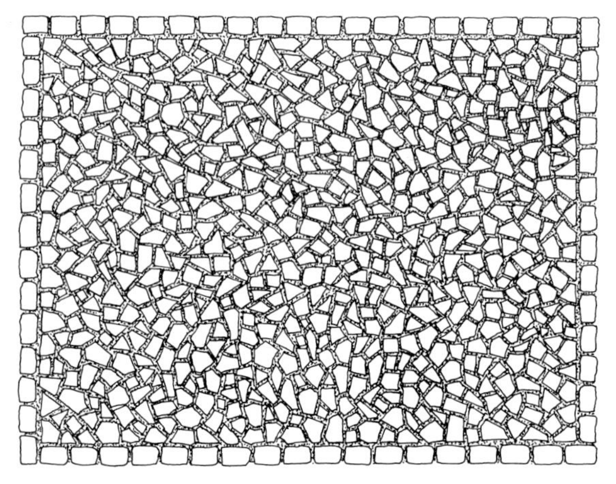

14 Wildpflaster, ausgeführt mit Bruchsteinen aller Größen. In diesem Beispiel mit einer Reihe Großsteinpflaster eingefaßt.

15 Eine Variante des Wildpflasters, eine Spielerei mit hellen und dunklen Steinen, wobei helle Radialstreifen aus großformatigen Steinen über die Fläche gelegt sind, dazwischen eine Füllung aus dunklem Wildpflaster. Schuhhof, Goslar.

PFLASTERN MIT UNBEARBEITETEN STEINEN – WILDPFLASTER

Wildpflaster ist die älteste Pflasterart – beschafft durch das Auflesen der Feldsteine oder durch Verwendung von Reststeinen vom Bau. Diese Pflasterart findet man oft in historischen Anlagen, entweder als Traufpflaster entlang des Gebäudes oder auch als Hofpflaster. Bei diesem Pflaster sollten nicht nur unterschiedliche Steinformate verwendet werden, sondern auch unterschiedliches Material. So können Findlinge, Spalt- und Bruchsteine gemischt in einer Wildpflaster-Pflasterung Verwendung finden. Dadurch ergibt sich eine sehr lebhafte Pflasterfläche mit völlig unregelmäßigem Fugenbild und unterschiedlicher Farbgebung.
Wildpflaster ist aber das schwierigste Pflaster, das man gestalten kann, da die Arbeit nicht nach bestimmten Ordnungsprinzipien ausgeführt werden kann. Das Geheimnis der Lebendigkeit liegt im Zufall, in der Unregelmäßigkeit, im spontanen Setzen von Steinen.

WACKEN- ODER KATZENKOPFPFLASTER

Aus unbearbeiteten Findlingen oder Flußkieseln ohne Unterbau ins Erdreich gesetzt, wird diese Pflasterart öfter unter dem Begriff Wildpflaster geführt. Der Unterschied liegt nur in der Einheitlichkeit des Materials. Wie Wildpflaster wird es ohne regelmäßigen Verband unter Verwendung von verschiedenen Steingrößen ausgeführt. Ein typischer Bodenbelag in alten Marktstädten, z. B. um den Stadtbrunnen und auf dem Kirchenvorplatz.

PFLASTERN MIT BEARBEITETEN STEINEN – REIHENPFLASTER

Nach Wildpflaster und Katzenkopfpflaster ist Reihenpflaster die früheste Art des Pflasterns, die nicht dem Zufall überlassen war. Früher als »flandrische Art« bezeichnet, wurden mit dieser Pflasterart die Straßen der reichen flandrischen Marktstädte des 14. und 15. Jahrhunderts belegt. Hier wurden Prismen-Großsteine verwendet, im rechten Winkel zum Platz oder Straßenverlauf. Die Steine wurden in Reihen verlegt, jede Reihe versetzt, so daß sich keine Kreuzfugen bildeten. Eine regelmäßige Verlegungsart, für die damalige Zeit aufwendig und kostbar, ein Zeichen des Reichtums einer Stadt und Ursprung des Ausdrucks »ein teures Pflaster«.

16 Reihenpflaster, ein Ausschnitt einer alten Sandstein-Großsteinpflasterstraße aus dem 18. Jahrhundert. Rennes, Frankreich.

17 Fahrbahn in Granit-Großsteinpflaster, in Reihen verlegt. Obwohl Verlegungsart und Material von Hauswand zu Bordstein gleich sind, ist eine klare Schnittlinie zum Traufpflaster am Gebäude ersichtlich. Statt eines Bordsteins deutete diese Kante die Grenze der Fahrbahn an. Altstadt von Dachau.

DIAGONALPFLASTER

Im Prinzip wie das Reihenpflaster, nur diagonal zum Straßenverlauf im 45°-Winkel verlegt. Die Anschlußsteine sind Dreieck- oder Fünfecksteine. Das Diagonalpflaster, ausgeführt mit Großsteinen, wurde hauptsächlich wegen der eisenbereiften Fuhrwerke eingeführt, damit die Räder nicht in die Straßenfugen des Reihenpflasters einschneiden konnten. Parallel zum Straßenrand wurde eine einreihige Pflasterzeile gelegt, die als Halt und Rahmen dienen sollte.

FISCHGRÄTMUSTER

Eine Weiterentwicklung vom Diagonalpflaster, bietet das Fischgrätmuster eine stabile Straßenfläche. Pflasterreihen führen diagonal zur Straßenmitte und treffen sich dort im 90°-Winkel. An diesem Punkt liegt ein Binderstein (»Anderthalber«), der als Übergangsstein verwendet wird. Die Straßenmitte ist gleichzeitig Höhepunkt und Wasserscheitel. So wie beim Diagonalpflaster wird ein Minimum von einer Reihe Pflastersteine längs zur Straße als Entwässerungsrinne und Einfassung gelegt.

Alle diese aufgeführten Verlegungsarten können in Klein- und Mosaikstein ausgeführt werden, bieten aber als Großsteinpflaster einen besseren Halt und eine stabilere Fläche.

18 Diagonalpflaster, durch die Verwendung von Dreiecksteinen wird die Richtung der Diagonale vorgegeben.

19 Straße gepflastert im Fischgrätmuster mit Granit, Großsteinpflaster. Die Änderung der Richtung des Gefälles und dadurch die Richtung des Verlaufs des Fischgrätmusters sind in der Bildmitte ersichtlich. Am Rand der Straße eine einzeilige Pflasterreihe als Einfassung.

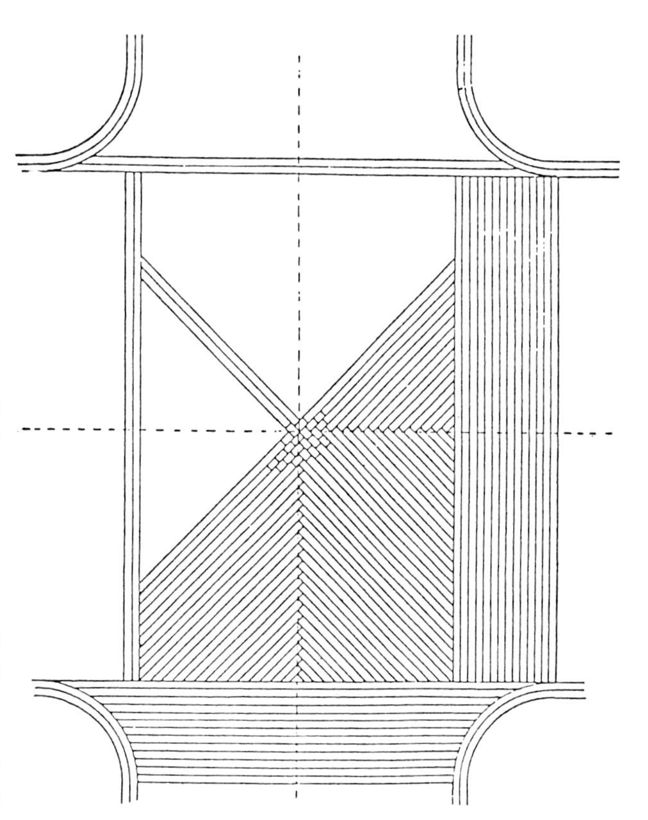

STRASSENKREUZUNG

Um die Probleme der Pflasterung an einer Straßenkreuzung zu lösen, wo weder die Reihenrichtung der einen noch der anderen Straße durchgeführt werden kann, wird ein *Kreuzdamm* in Form eines Rechtecks oder Rhomboides gebildet. Eine logische, geometrische Lösung.

SEGMENTBÖGEN

Die gängigste Pflasterart für Straßen und Plätze wird in der Regel mit Gründerzeit-Stadtvierteln assoziiert. Öfters nur als »Bogenpflaster« benannt, führt diese Bezeichnung zur Verwechslung mit »Schuppenbogenpflaster«, das ebenso auf dem Prinzip des Bogens aufgebaut ist. Das Schuppenpflaster ist wesentlich arbeitsaufwendiger und teurer in der Ausführung als ein Segmentbogenpflaster. Es ist daher zu empfehlen, daß zwischen den beiden Pflasterarten klar unterschieden wird.

Das Konstruktionselement des Segmentbogenpflasters ist ein Kreissegment (Viertelkreis) mit einem Mittelpunktwinkel von 90°. Sehne und Stich des Bogens sind von der Breite der Straße, Weg oder Platz und der Steingröße abhängig. Der Pflasterer oder ausführende Architekt wird dies für jede Situation errechnen.

20 Rechteckiger Kreuzdamm, eine Lösungsmöglichkeit für das Zusammentreffen von Fischgrätmuster an einer Straßenkreuzung.

21 Ein Straßenpflaster aus den Zeiten von Friedrich Wilhelm Noll. Segmentbogen in Basalt-Kleinsteinpflaster, ausgeführt am Anfang des 20. Jahrhunderts. Die Abnutzung ist ersichtlich. Trotzdem ist der Belag noch für einige Jahrzehnte geeignet.

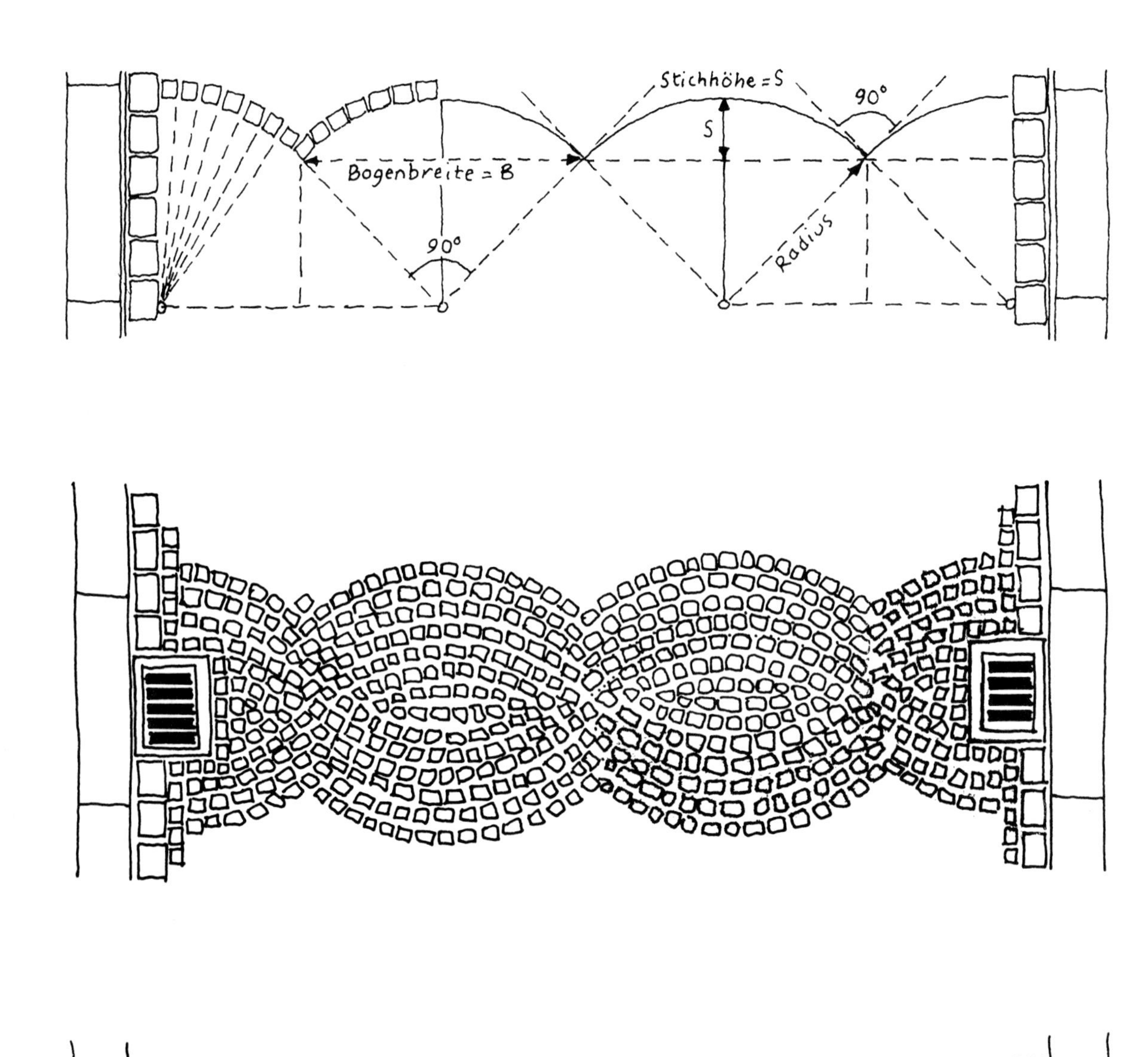
Stichhöhe = S
90°
S
Bogenbreite = B
90°
Radius

Der Segmentbogen wird nach der Faustformel

S (Stichhöhe) = $\frac{B}{5}$ + 1 cm berechnet,

wobei B = die Bogenbreite ist.
Je nach Steingröße, hier Klein- und Mosaikstein, kommen die folgenden Bogenbreiten in Frage:*

Steingröße in cm	Bogenbreite	Stichhöhe	Bogenradius
6/8 und 7/9	0,80–1,20 m	17–25 cm	0,57–0,85 m
8/10 u. 9/11	1,10–1,50 m	23–31 cm	0,78–1,06 m
10/12	1,40–2,00 m	29–41 cm	0,99–1,41 m

Am Straßenrand wird immer mit einem halben Bogen angefangen und mit einem halben aufgehört.
Hoch- und Tiefpunkte werden in einer Art Zopfmuster ausgeführt, wobei die Richtung der Segmentbögen immer zum Hochpunkt führt.
Die Abzweigung einer Straße oder Platzgestaltungen können mit Halbkreis- oder Dreiviertelbögen gepflastert werden. So kann gewährleistet werden, daß die Richtung der Segmentbögen im rechten Winkel zur Straße läuft.

22 Nach dem Nollschen Prinzip die heutige Konstruktion des Segmentbogenpflasters. Unter Verwendung der Faustformel: $S = \frac{B}{5} + 1$ cm.
Die Bogenbreite (B) richtet sich nach der Breite der Straße.

23a »Zopfmuster« an einem Tiefpunkt.
Eine Lösung des Problems vom Übergang eines Richtungswechsels, verursacht durch die Ableitung des Oberflächenwassers am Tiefpunkt.

23b Gestreckte Raute beim Hochpunkt. Die Bogen des Segmentpflasters führen immer zum Hochpunkt, weg vom Tiefpunkt.

24 Die Ornamentwirkung eines Zopfmusters, hier ausgeführt in Porphyr-Mosaiksteinpflaster.
Brunnenhof in der Münchener Residenz.

* entnommen aus: Fachkunde für Straßenbauer, München 1978

NOLL UND DAS KLEINSTEINPFLASTER

In welcher Vielfalt Kleinsteinpflaster in Segmentbögen verlegt werden kann, wurde vom Bayerischen Hofpflastermeister Friedrich Wilhelm Noll gezeigt. Zugewandert in der 2. Hälfte des 19. Jahrhunderts aus Preußen nach Bayern, brachte er seine Kenntnisse und die Vorliebe für Kleinsteinpflaster und Segmentbögen mit. In einem seiner Bücher, »Zur Vervollkommnung des Kleinpflasters« von 1911, das als Reprint wieder erhältlich ist, zeigt er die verschiedenen Beispiele. Verwendetes Steinmaterial war Basalt und Granit.

Eine kleine Exkursion in die Welt von Friedrich Wilhelm Noll ist nicht nur interessant, sondern liefert Beispiele, die heute noch verwendet werden können. Auch wenn er auf der einen Seite Fanatiker war und keine andere Art des Pflasterns duldete, ist es ihm gelungen, die »Kunst des Pflasterns« auf ein hohes Niveau zu bringen. Er leistete durch die Notwendigkeit, Straßen zu befestigen, einen wichtigen Beitrag zur Stadtgestaltung und Stadtbildverschönerung. Gute Pflasterermeister »haben Noll in der Tasche«, für sie ist das Buch eine Arbeitsgrundlage. Wer sich für gute verwendbare Informationen zum Thema Segmentbogen in Kleinsteinpflaster interessiert, sollte sich dieses Standardwerk ansehen.

25a »Die erste Skizze Nr. 1« von Friedrich Wilhelm Noll soll eine einfache Straßenkreuzung sein; eine durchgehende Straße, in die eine andere von einer Seite einmündet, aber nicht weitergeführt ist. Die Bogenzahl ist in beiden Straßen ungerade. ▽

25b »Die Schlußzeichnung Nr. 20 veranschaulicht eine unregelmäßige Kreuzung, auf der zusammen acht Straßen einmünden«. Die Zeichnung stellt den Höhepunkt im Können Nolls dar. Das Aufsetzen neuer Bögen durch Schleifen, Verwendung des Richtungswechsels und Beachtung der Gefälle. ▷

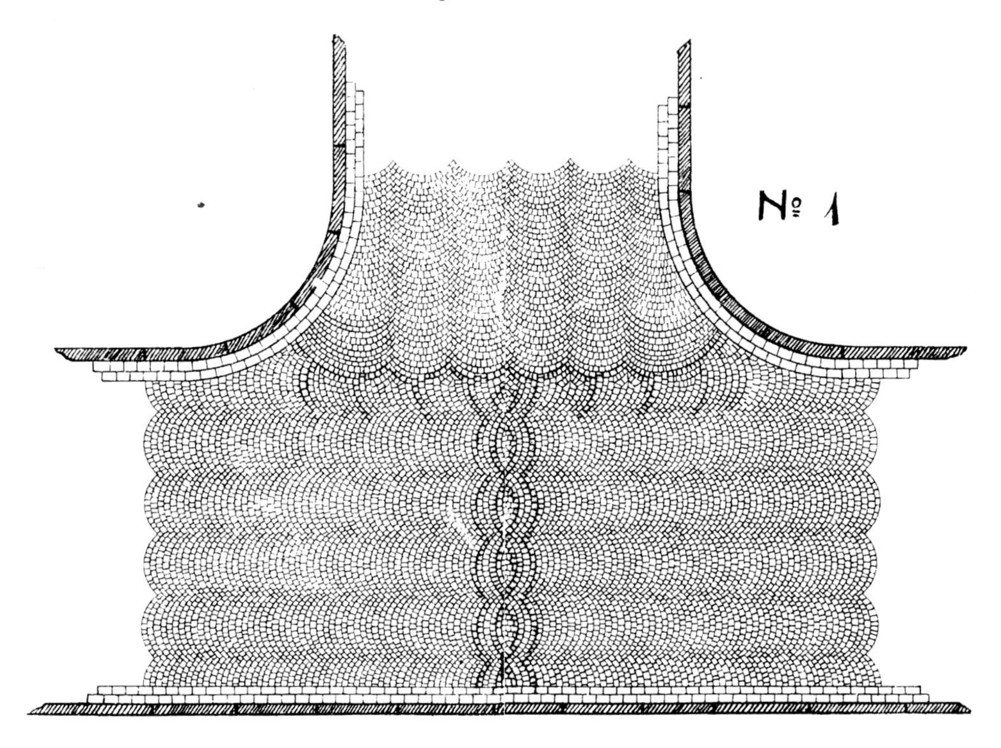

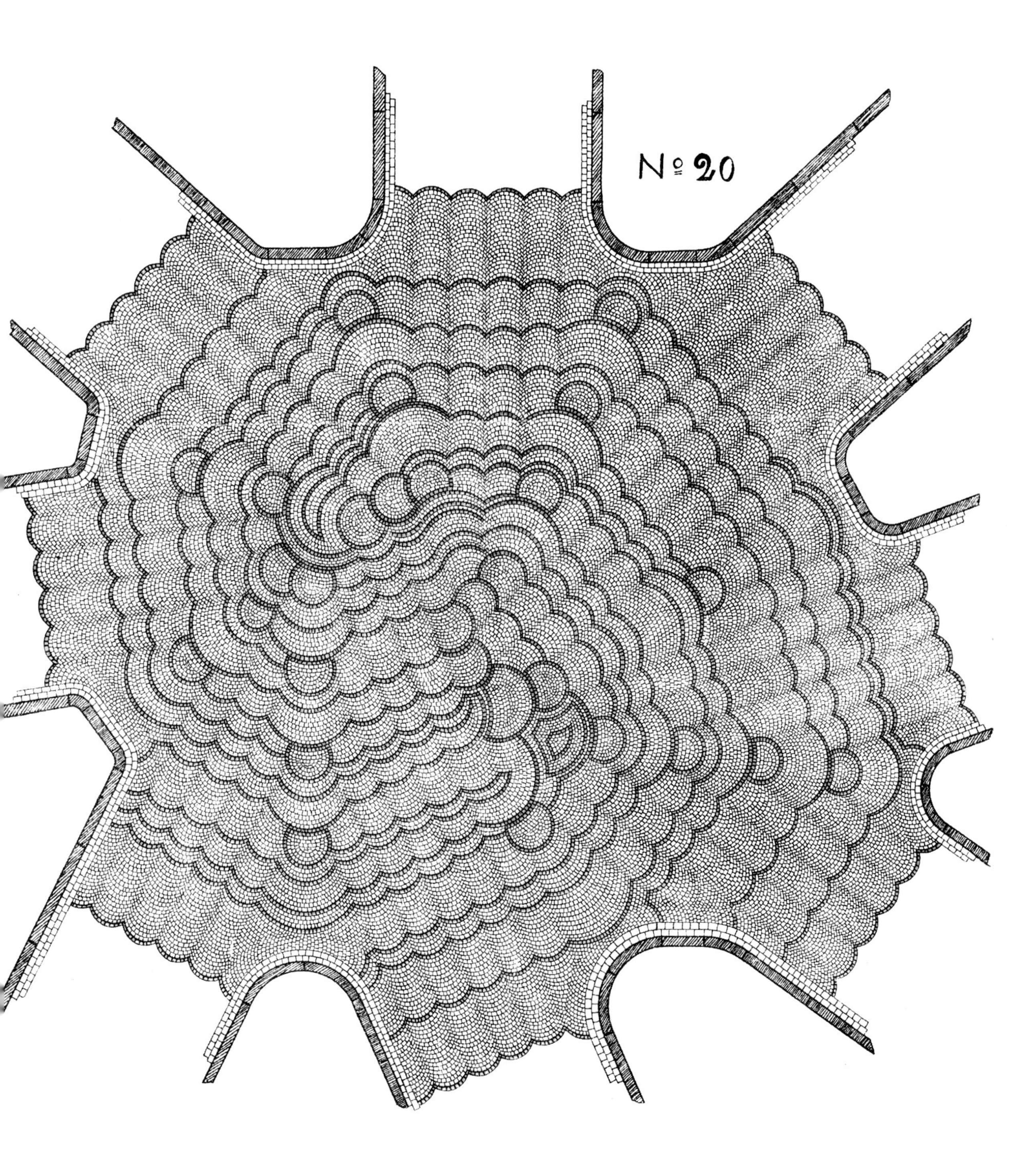
No 20

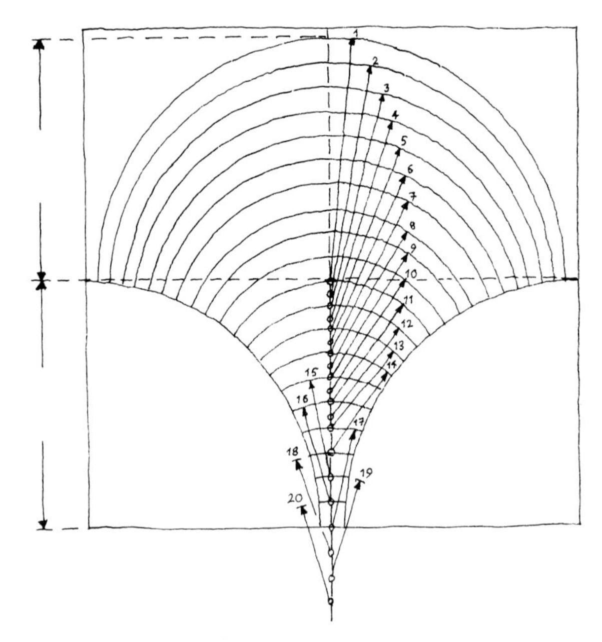

26 Schuppenbogenpflaster. Konstruktionsprinzip eines Schuppenbogens aus Mosaiksteinpflaster. Die Bogen werden nach außen zunehmend flacher. Bei der Verwendung von größeren Steinen ist der Radius entsprechend größer. Verwendete Steingröße 3/5 cm, aufgebaut auf ein 100-cm-Quadrat.

27 Ein Halbkreis als Ausgangspunkt für das Schuppenbogenpflaster. Die Mitte des Kreises ist besonders sorgfältig gepflastert.

28 Flächenwirkung von Schuppenbogenpflasterung, ausgeführt in Granit, Kleinsteinpflaster. Platz an der Schönfeldstraße, München.

SCHUPPENBÖGEN

Ein Ornamentpflaster, geeignet für Plätze und Bordüren, auch in Kombination mit anderen Verlegungsarten. Das ausgehende Konstruktionselement ist der Halbkreis. Die Form der Schuppe ergibt sich dadurch, daß mittig auf zwei gleichgroße, nebeneinanderliegende Halbkreise ein weiterer Halbkreis mit gleichem Radius gesetzt wird. Dieser Mittelpunkt ist dadurch die Mitte der Scheiteltangente der zwei darunterliegenden Kreise. Die Schuppen werden in Bögen ausgepflastert, die bis zum Ansatz der Schuppen, welcher nur aus einem Stein besteht, immer kleiner werden. Die Steine müssen paßgerecht ausgesucht werden.
Die Bogenbreite ist abhängig von der Breite der Straße, Weg oder Platz und der Steingröße. Grundsätzlich sind Klein- und Mosaiksteine am besten geeignet. Großsteine sind viel zu unhandlich und großformatig und widerstreben der feinen Art dieses Musters. Je größer der Pflasterstein, um so breiter der Bogen.

Steingröße:	Bogenbreite:
5/7 cm	120–140 cm
4/6 cm	100–130 cm
3/5 cm	80–110 cm

Schuppenpflaster ist in der Verlegung aufwendig und verlangt viel Vorarbeit. Es muß nicht nur die Richtung der Schuppen bestimmt werden, sondern auch die Anzahl der vollen Schuppen, der Ansatzpunkt des Musters, ob von der Mitte oder von der Basislinie aus begonnen wird. Einen Teil oder verkürzte Schuppen am Rande der Fläche anzuschließen, ist nicht korrekt. Richtig ist der seitliche Anschluß mit einer halben Schuppe. Die Einteilung der Fläche muß deshalb vor Beginn der Arbeiten festliegen.

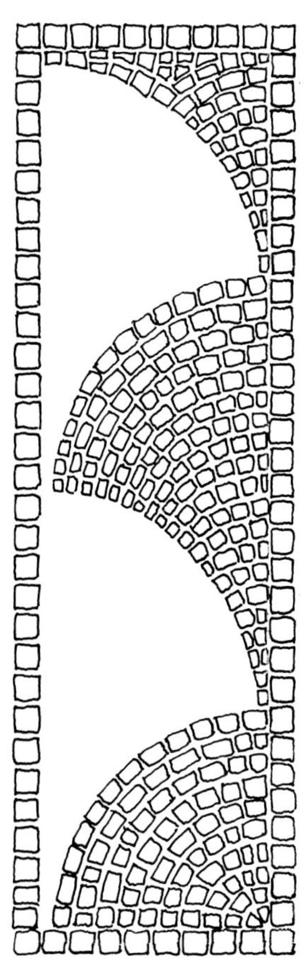

29 *Halbschuppenbogen: Das Konstruktionsprinzip ist das gleiche wie für Schuppenbögen. Die Schuppen werden jedoch längs halbiert und spiegelverkehrt wiederholt. Am wirkungsvollsten, wenn von einer Reihe Pflastersteine eingerahmt.*

HALBSCHUPPENBÖGEN

Halbschuppenbögen sind beliebt als Bordüren und Zierbänder für Plätze, Straßen, Wege und Baumgräben. Die Schuppe wird in der Länge halbiert, ebenso die darunterliegende Schuppe, so daß ein sich wiederholendes, spiegelverkehrtes Bild entsteht. Wie bei den vollen Schuppen muß die Bogenbreite errechnet werden und soll im Verhältnis zur Platzgröße oder Wegbreite liegen. Änderungen in der Richtung, wie z. B. bei der Einrahmung eines rechteckigen Platzes, werden mit Dreiviertelkreisen erzielt. Als Betonung der Halbschuppen werden einzelne oder mehrfache Reihen von gleichgroßen Steinen, jedoch in anderem Steinmaterial, verwendet, z. B. Basalt- und Marmoreinrahmung zu Granit, Grauwacke zu Porphyr, um den Helldunkel-Kontrast noch markanter zu gestalten.

30 *Halbschuppenbordüre in Basalt-Kleinsteinpflaster, eingerahmt beidseits von einer Marmor-Kleinsteinpflasterzeile.*

PLATZGESTALTUNG MIT SCHUPPENBÖGEN

Bei Schuppenbögen steht die Schmuckwirkung im Vordergrund. Deshalb werden sie selten als Straßenpflaster verwendet. Die Verwendung des Schuppenpflasters wurde um die Jahrhundertwende ausgiebig geübt und erlebt jetzt eine Renaissance. Bedeutende Plätze werden in dieser Pflasterart ausgeführt.
Der Ausgangspunkt der Verlegungsarten ist nicht – wie bei den Plätzen ausgeführt in Segmentbögen – nur in der Mitte des Platzes, sondern kann auch am Rand sein. Dies ist am Brunnenplatz unterhalb des Friedensengels in München der Fall. Ausgehend vom Halbkreis am Rand des Platzes, der durch eine Reihe von dunklem Granit noch farbig abgesetzt ist, bilden sich die Schuppen. Durch die Betonung des Ansatzpunktes der Schuppen mit 4 Steinen als Quadrat im dunklen Granit wird ein strenger Raster über die Fläche gelegt. Ein gekonnter, kontrollierter Entwurf und eine gefühlvolle Ausführung.

31 Das Schuppenpflaster wird vom Rand des Platzes aufgebaut, mit Halbkreisen, deren äußere Reihe in dunklem Granitpflaster hervorgehoben wird. Über die restliche Fläche ist ein Karoornament, in dem der Ansatzsteinpunkt des Schuppens betont ist, verteilt.
Platz unterhalb des Friedensengels, München.

32 »Lilienmuster«: ausgeführt in mittelgrauem und anthrazitfarbigem Granit-Kleinsteinpflaster.
Königsplatz, Augsburg. ▷

33 Musterbeispiel der Pflasterung einer Fläche in Schuppenbögen. Zu Lehrzwecken sind die äußeren Reihen der jeweiligen Konstruktionselemente farbig markiert.
Weiß – mittig gepflasterter Kreis als Ausgangspunkt der Pflasterung
Gelb – in die Diagonalen die Hufeisen- oder Dreiviertelbögen
Rot – die Schuppen ▷

»LILIEN«

Eine Variationsmöglichkeit zu Schuppen sind die sogenannten »Lilien«. Hier werden die äußeren 1–3 Reihen in einem gleichgroßen Stein, jedoch von anderer Farbe, abgesetzt. Die innenliegende Schuppe wird in der gleichen Anzahl von Reihen wie die farblich herausgepickten Bögen in die darunterliegenden Schuppen geführt.
Lilien, die in der Tat ein pflanzliches Motiv bilden, sind eine interessante Möglichkeit, die Wirkung von Schuppenbögen noch zu steigern. Hier können die Kenntnisse über Steinmaterial und Farbgebung innerhalb der Gesteinsarten zur Geltung kommen. Die Granite bieten die beste Auswahl an Farben. Es sollte jedoch beachtet werden, daß die Steine nachdunkeln, so daß die Kontraste, die anfangs in einer frisch gepflasterten Fläche sehr kraß wirken, binnen weniger Monate als mild bezeichnet werden können.

DREIVIERTELBÖGEN ODER HUFEISEN

Richtungswechsel können durch Dreiviertelbögen oder Hufeisen erzielt werden. Bei Segment- und Schuppenbogenpflaster – beide basieren auf einem Kreis – sind Dreiviertelbögen oder Hufeisen wichtige Elemente und Teile des Pflastervokabulars. Bei Platzgestaltungen wird, ausgehend von einem zentralen Punkt, in vier Richtungen gepflastert. Hier werden Dreiviertelbögen oder Hufeisen in der Diagonale als Verbindung und Übergang zwischen den vier Pflasterrichtungen gepflastert. Der Schnittpunkt der äußeren Hufeisenreihe zum nachfolgenden Hufeisen ist gleichzeitig der Ansatzpunkt für die äußeren Bogen der Schuppe oder des Segments. Das Hufeisen wird gleichzeitig zum Ornament. Dreiviertelbögen sind auch wichtige Elemente des Straßenpflasters, insbesondere bei Straßenkreuzungen, wo sich Pflaster aus verschiedenen Richtungen treffen.

34 Hufeisen, aus der Nähe gesehen.

35 Der Übergang von Segment- oder Schuppenbogenpflaster aus verschiedenen Richtungen wird mit Dreiviertelbögen ermöglicht. Hier am Beispiel einer Straßenkreuzung. Die Bogenrichtungen und damit alle Regeln des Setzens einer Pflasterfläche können beibehalten werden.

36 Zwei Varianten des Netzpflasters:
links die einfache Ausführung, rechts die Betonung der Diagonale durch die Verwendung eines gleichen Formats, aber andersfarbiger Steine.

37 Geh-Fahrbereich, in Großstein-Netzpflaster ausgeführt, beidseitig eingefaßt von einer Pflasterzeile und Wildpflaster. An der Abzug, Goslar.

SELTENE UND HISTORISCHE PFLASTERARTEN – ZYKLOPENPFLASTER

Eine Auflistung von Verlegungsarten ohne das Zyklopenpflaster wäre unvollständig (s. Abb. 12). Die Römer waren Meister in der Herstellung dieser Pflasterart. Im Material und der Technik gleicht sie einer liegenden Zyklopenmauer. Großformatige Platten von unregelmäßigem Format werden mit möglichst engen Fugen aneinandergesetzt. Das Profil der Straße war gewölbt. Diese Pflasterart ist in Italien, Spanien und gelegentlich auch in Griechenland zu finden.

»LÜTTICHER PFLASTER«

Diese Pflasterart ist eine Anlehnung an das flandrische Pflaster, d. h. ein Reihenpflaster, jedoch aus rechteckigen, behauenen Steinen von sehr großem Format, 25–30 cm breit, 35–40 cm lang. Die Steine waren von unregelmäßiger Tiefe, und da kaum Unterbett verwendet wurde, war die Fläche nicht besonders stabil. Trotz Stabilitätsproblemen, hohem Kostenaufwand und ständigen Reklamationen in Berichten der Zeit wurde diese Pflasterart 400 Jahre lang verlegt und zeugt davon, wie langsam und mühsam die Entwicklung der Technik des Pflasterns war.

NETZPFLASTER

Der Ausgangspunkt für das Netzpflaster ist ein Dreieckstein, von dem aus Pflastersteine diagonal in Reihen verlegt werden. Damit sich das Muster eines Netzes ergibt, werden möglichst quadratische Pflastersteine ausgesucht und mit Kreuzfugen gesetzt. Das Netzpflaster kann in allen Steinarten gesetzt werden, hat aber eine mehr dekorative Funktion und ist weniger geeignet als Straßenbefestigung und für Zonen mit höherer Belastung. Die Kreuzfugen, die sonst bei allen anderen Pflasterarten nicht vorkommen dürfen, sind Ursache der geringen Belastbarkeit der Fläche. Eine Verzahnung und Verlagerung wie auch Übertragung der Last von Stein zu Stein ist nicht gegeben. Die bekanntesten Beispiele von Netzpflasterung gibt es in Lissabon, wo sich das Pflaster in verschiedenfarbigen Steinen über Plätze und Wege erstreckt.

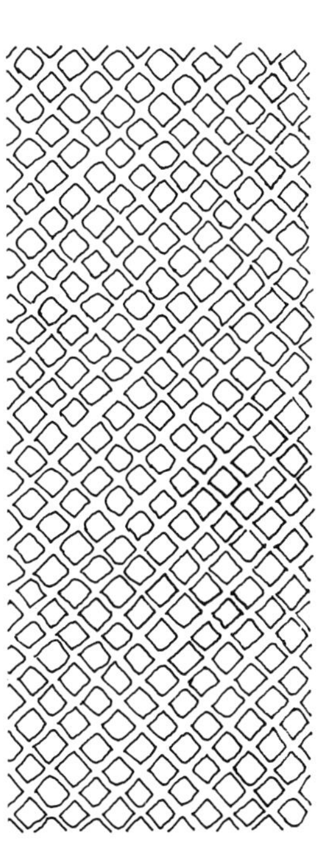

IN DER PASSÉE: PASSÉEPFLASTER

Zugewanderte Pflasterarbeiter aus dem nördlichen und östlichen Deutschland haben diese Pflasterart in fast alle Teile der Bundesrepublik Deutschland gebracht. Diese Verlegungsart wird gelegentlich auch als »Schiebepflaster« oder als »geritztes Pflaster« bezeichnet.

Die Pflasterart bildet einen Übergang vom Wildpflaster, mit dem sie öfters verwechselt wird. Der entscheidende Unterschied dazu ist die Verwendung von bearbeitetem, gleichgroßem Steinmaterial, deswegen ist sie eher mit dem Reihenpflaster verwandt.

Bis zur Wiedervereinigung waren die besten Beispiele hierfür in Darmstadt, Wiesbaden und in Teilen von Berlin zu finden. Eine ausführliche Beschreibung dieser Plasterart ist auf S. 145 ff. Kaum ein Pflasterer kann dieses Muster noch ausführen, obwohl es sich bei der Instandsetzung von Jugendstil-Gartenanlagen um eine der häufigsten Verlegungsarten handelt. Beliebt ist die Verwendung von Mosaiksteinen, die eng an eng ein Fugenbild wie ein Spinnennetz bilden.

38 »In der Passée«.

39 Verschiedene Arten von Mosaiksteinen »In der Passée« verlegt als Füllung zwischen Granitplatten.

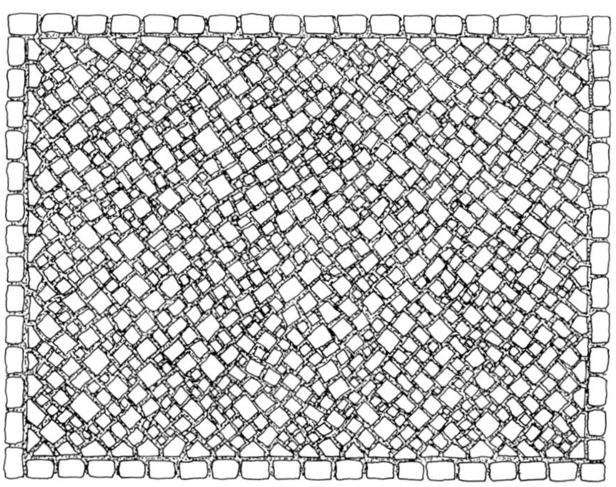

40 Eine Variation von »In der Passée«, die fast wie Wildpflaster wirkt; unter Verwendung von unterschiedlichen Größen von Mosaiksteinpflaster.

»KIESELKUNST«, »DAS« ORNAMENTPFLASTER

Die teppichartige Ornamentkieselpflasterung stammt aus den Mittelmeerländern Italien, Südfrankreich, Portugal und Griechenland. Aus der Not, Straßen, Plätze und Wege mit dem örtlichen Material, in diesem Falle Fluß- oder Meereskiesel, zu pflastern, entwickelte sich eine eigene Pflasterkunst. Das Pflaster war nun mehr als nur die zweckmäßige Befestigung einer Fläche. Es war Ausdruck einer Lebensqualität, schmückte das Stadtbild und war vor allem Zeichen des Reichtums.

41 Brunnenhof in Andalusien.
Einfach und streng gestaltet mit hohem Verständnis für den Einsatz von Ornament. Die Pflanzung spielt eine zurückhaltende Rolle im Vergleich zur Pflasterfläche: Fischgrät-Zopfmuster, verlegt in länglichen dunklen Kieselsteinen, betont durch weiß-graue runde Kieselsteine, die als Füllung und Hintergrund verwendet wurden.

42 *Die schmale Gasse ist meisterhaft gepflastert. Die Fahrspuren sind mit dunklem länglichen Kieselstein in Fischgrätmuster angedeutet, mittig und am Rand Rundsteine. Albaicín, Altstadtviertel in Granada, Spanien.*

Den Höhepunkt bilden die Gärten, Höfe und Plätze Andalusiens. Hier ist der Sinn für Ornamentik, ein Spiel mit Symmetrie und Geometrie, ein Mitbringsel der islamischen Kultur. Pflasterungen sind die dominierenden Elemente der Garten- und Platzgestaltung. Kontraste zwischen länglichen und runden Kieselsteinen in hellen und dunklen Farben verleihen der Pflasterfläche eine Lebendigkeit und Heiterkeit, die die Flächen zur Kunst erheben.

Weniger die Verfügbarkeit des Materials als die Anforderungen, die durch das Klima und die Belastung der Fläche gestellt werden, haben die Entwicklung des Kieselpflasters begrenzt. Kiesel wurde nördlich der Alpen für die Bildung von Entwässerungszonen, Randflächen oder nicht begangene Zonen, nicht aber im Mittelpunkt der Anlage verwendet.

Nördlich der Alpen sind wenig Beispiele der Kieselkunst vorhanden. Ausnahmen sind die Städte Freiburg und Salzburg, die sicherlich von den Mittelmeerländern inspiriert wurden. Hier gibt es Kieselflächen, die im Falle von Salzburg kaum 60 Jahre alt sind, jedoch auf Geschick und Verständnis für Material und Ornament hinweisen. Erst 1931 ausgeführt, sind die Kieselflächen Salzburgs bescheiden und fast versteckt als Nachtrag und Ergänzung der vorhandenen Flächen ausgeführt worden. Handwerklich und künstlerisch hervorragend, verdienen sie mehr Beachtung als sie durch ihre Lage finden. Daten, Motive, Symbole wurden mühevoll mit gespaltenen Kieselsteinen, ergänzt durch schmale Pflastersteine, gepflastert.

43 *Kieselpflaster, Vase aus dunkelgrauen Kieselsteinen. Garten des Palacio del Generalife, Granada, Spanien.*

44, 45 *Längliche gespaltene Kieselsteine, mit Präzision in Reihen verlegt. Hier wird der Ornamentwert der einzelnen Motive durch die Verwendung von anderem farbigen Steinmaterial deutlich: Kalkstein, Marmor, Mosaikstein. Das Pflaster wird zur Kunst. Salzburg, Österreich.* ▷

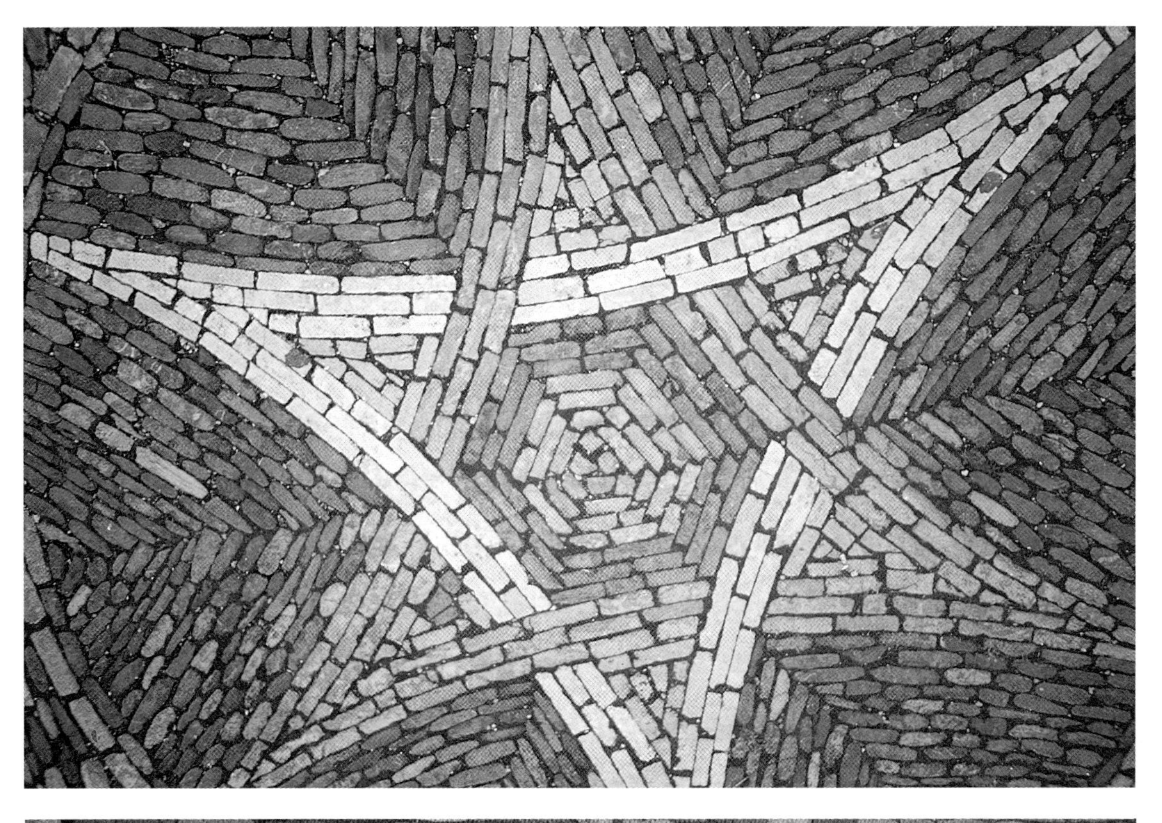

KIESELPFLASTERORNAMENT IM GARTEN

46 Anregung zur Pflasterung eines Gartenwegs. Längliche flache Kiesel, tief ins Unterbett gelegt, geben den Rahmen an, Rundsteine oder Kiesel als Füllung. Madrid, Spanien.

Die Möglichkeit des Ornaments sind primär durch das handliche Format des Materials gegeben. Sortiert nach Form, Größe und Farbe (Schattierungen von Hellgrau bis dunkel), sind viele Variationen von Verlegungsarten möglich.
Meeres- und Flußkiesel, die vom Wasser glatt, rund oder eiförmig länglich geschliffen wurden, werden flach in das Bett gedrückt, sei es in verdichtete Erde, Erde mit hohem Lehmanteil oder Sand. Erst vor einigen Jahren wurde Mörtel für besseren Halt eingeführt. Das Verhältnis Fuge/ Steinmaterial muß wie bei allen Pflasterflächen ausgewogen sein. Die Fläche lebt vom Gesamteindruck des Steins. Die Fuge spielt dabei eine begleitende Rolle und soll keinesfalls dominierend sein.
Die Steine werden leicht ins Bett gedrückt. Mittels eines langen Brettes werden alle Steine mit dem gleichen Druck auf die gleiche Höhe gepreßt. Bei der Verwendung von Mörtel gilt die Grundregel, nur soviel Mörtel anzubringen, wie in 2 Stunden zum Steinsetzen benötigt wird, um zu verhindern, daß der Mörtel hart und das Setzen von Steinen dadurch erschwert wird.
Nachteile der Kieselflächen sind die zeitaufwendigen Verlegungen, die Rutschgefahr auf der Oberfläche bei Nässe und die begrenzte Belastbarkeit. Hinzu kommt noch die holprige Oberfläche, bedingt durch die gewölbte Oberfläche der Steine.
Die Alternative zum vollen Kiesel sind gespaltene Kiesel, wie man sie in Salzburg sehen kann. Die Kopffläche ist eine ebene Oberfläche und wirkt durch die intensive, glänzende Struktur sehr reizvoll.
Trotz der aufgeführten Nachteile kommen Kieselflächen in Hausgärten und Wohnhöfen noch viel zu selten vor. Dabei könnten die Kieselflächen hier ein persönliches Zeichen setzen.

47 Bescheidene Form einer Kiesel-stein-Pflasterfläche. Der Weg ist begehbar, dient mehr als ein Sockel zu den Statuen und als farblicher Kontrast zu den Grünflächen. Kew Garden, England.

48 Wege im Garten.
Ornamentspiel mit hellen und dunklen Flächen. Die Abwechslung und Variation innerhalb des rund-länglichen Pflastervokabulars ist die Handschrift der andalusischen Gärten.

Es ist weniger daran gedacht, ganze Plätze und Wege mit Kiesel zu versehen, vielmehr diese an markanten Stellen, wie Wegkreuzungen, Hauseingängen und kleinen Plätzen in Form von Medaillons etc. zu setzen. Eine wahre Kleinkunst für jedermann, die Phantasie fordert und den Wert des Gartens hebt. In Bereichen mit wenig Verkehrsbelastung, wo es mehr auf die schmückende Wirkung ankommt, können diese Flächen besonders im Winter als Auftakt zur sonst trostlosen, farbenarmen Winterszene wirken.

Einfache geometrische Muster können besser wirken als komplizierte Entwürfe. Finessen im Farbspiel und wechselndes Muster sind anhand von Proben und Skizzen zu erfahren. Durch Verwendung von Schablonen in der Größe der Fläche können bei der Ausführung einige Probleme vermieden werden.

So wie für andere Pflasterflächen gilt auch bei Kieselsteinflächen, daß Muster nicht aus Büchern übernommen werden können. Beispiele aus dem In- und Ausland, in diesem Falle vornehmlich aus dem Ausland, sollen lediglich als Inspiration dienen.

49 Gesehen in Ligurien, Italien: eine neu ausgeführte Kieselpflasterung vor einem Kirchplatz. Aufgegriffen werden die historischen Motive von hell und dunkel, umgesetzt in eine moderne, stark grafische Gestaltung.

51 Meisterhaft verlegtes Kieselpflaster. Nuancen in allen Farben geben Schatten und verleihen der Fläche eine Tiefe, die mehr Ähnlichkeit mit einem Gobelin als mit einem Bodenmosaik hat. Ausgeführt zwischen 1921 und 1947 nach Entwürfen von Beatrix Farrand.
Dumbarton Oaks, Washington D. C., USA.

50 Entwässerungsrinne in Kieselstein.
Parkanlage aus dem 19. Jahrhundert entlang der Isar in München.

DAS CHINESISCHE PFLASTER, SYMBOL UND ZEICHEN – DIE JUWELEN DES GARTENS

52 Mäandrierender Hauptweg im Liu-Garten, Suzhou, China.
Belegt mit hellen und dunklen Kieselsteinen in einem hexagonalen Muster. Wildpflaster am Wegrand.

Die Einflüsse der jahrhundertealten Kultur Chinas reichen in alle Bereiche der Kunst, von der Kochkunst bis zur Gartenkunst. Bisweilen wurden die Wege und Plätze innerhalb der beeindruckenden Gärten wenig beachtet. Ursprünglich für den Eigentümer ein Ort der Muße und Ruhe, wurden die Gärten jetzt zum Massenausflugsort. Die Gartenwege sind zur reinen Beförderungsader der Gärten degradiert. Damit »übergeht« und übersieht der Besucher die Juwelen der Gärten – die Pflasterflächen.

Phantasievolle Bilder schmücken den Bodenbelag. Feine Muster liegen wie Teppiche in den Innenhöfen. Der Musterreichtum der Fenster spiegelt sich in einer bescheidenen Form auch im Pflasterbelag wider. Nichts in einem chinesischen Garten ist ohne Grund vorhanden, auch die Muster der Bodenbeläge haben nicht nur dekorative Funktion, sondern auch eine symbolische Bedeutung. Kreise, Quadrate, Dreiecke, Hexagone, Oktogone sind Symbole und ablesbar. Das »Berstende Eismuster« – eng an eng gesetzte, ungleichmäßige Dreiecke – ist ein Symbol für den Winter, ergänzt mit einzelnen Blüten, insbesondere der Winterkirsche, dem Symbol für den kommenden Frühling. Der Kreis bedeutet den Himmel, das Quadrat die Erde; so ist ein Erdquadrat innerhalb eines Kreises symbolisch für die Harmonie des Kosmos.

53 »Berstendes Eis«. Keramikeinfassungen zeichnen das Muster vor. Innerhalb jedes Segments sind die Steine reihenweise verlegt. Die Lebendigkeit des Musters entsteht durch die Drehung und den Richtungswechsel der Segmente.

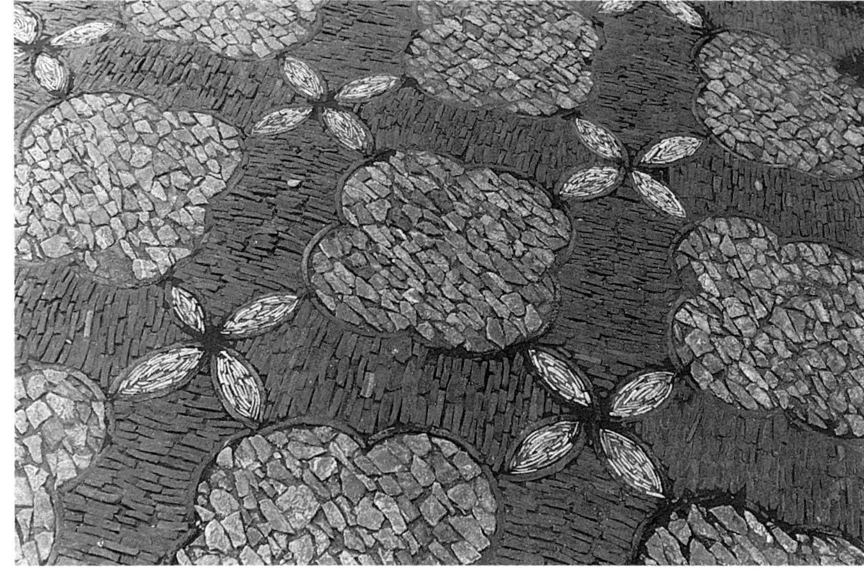

54 Kreise und Blüten, jeder Teil sorgfältig ausgeführt. Statt Kieselsteine wurde gespaltenes, bearbeitetes Bruchsteinpflaster verwendet.

Der Reichtum der Verlegungsarten ist nicht auszuschöpfen, immer neue Kombinationen sind zu finden. Jedes Muster ist klar ersichtlich, farbig abgestimmt und dem Sinn des Ortes angepaßt. Das verwendete Material hängt direkt mit den zur Verfügung stehenden Baustoffen zusammen. Drei Gruppen von Materialien sind zu erkennen: das Füllmaterial, das Gerüstmaterial und das Ornamentmaterial. Das Gerüst bilden hartgebrannte, keramische Teile. Vollkreise, Halb- und Viertelkreise, lange Verbindungsstücke, kurze Verbindungsstücke, die je nach Musterart kombiniert werden. Die Teile werden hochkant gesetzt, so daß nur die schmale Seite sichtbar bleibt. Wie Einfassungen bilden sie den Rahmen zum gewünschten Ornament.
Kiesel oder kleine Pflastersteine werden als Füllmaterial verwendet. Mühevoll nach Form, Farbe und Größe sortiert, werden Pflaster- und Kieselsteine in Reihen oder wild gepflastert.
Das Buch der Gartenarchitektur der Ming-Zeit, Yuan-Ye (1634), gibt genaue Details über die Art der Kieselsteine:
»Die Kiesel zum Pflastern der Gartenwege sollten nicht größer sein als Granatapfelsamen. So werden sie (die Wege) schön und hart... Manche benützen Steine in der Größe von Gänseeiern, die Muster erzeugen, aber das hält nicht lange, und der Effekt ist sehr gewöhnlich.«
Die Gärten selbst zeugen aber von unterschiedlichen Auffassungen. Offensichtlich ist, daß die »Gänseeier« bevorzugt waren. Gerade diese Pflasterungen werden von Europäern als Beispiel genommen. Den Aufwand, erbsengroße »Granatapfelsamen« zu pflastern, konnte sich nur ein feudalistischer Staat leisten.

55 Ornamentfläche am Hauptweg im Liu-Garten: Der Kranich mit Lotusblüten symbolisiert den Wunsch nach einem langen Leben. Jedes Stück Restmaterial wird verwendet: Kieselsteine, Porzellanscherben, Bruchsteine.

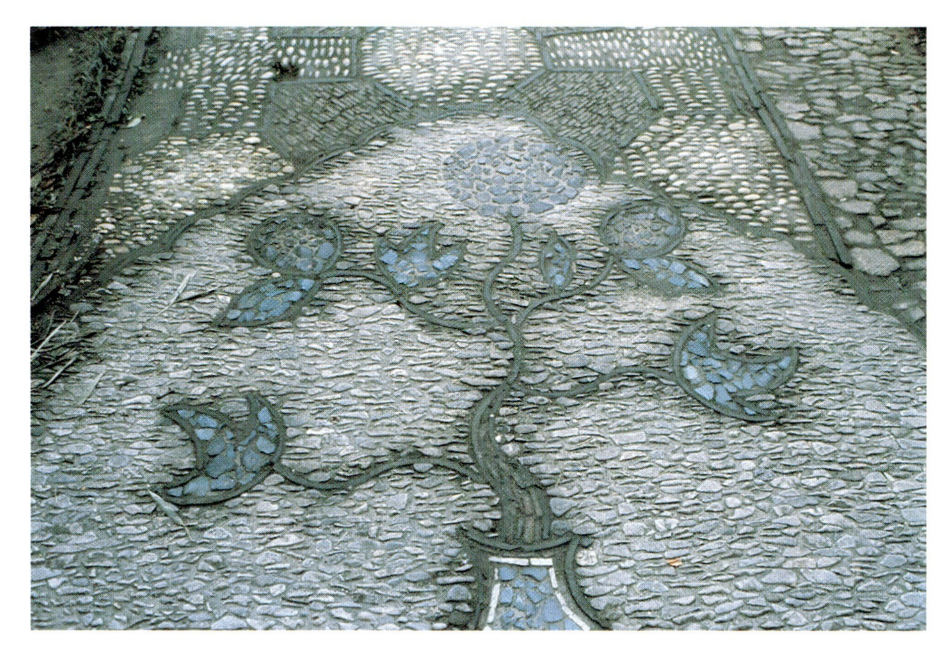

56 Am selben Hauptweg die Päonie, Symbol der voll erblühten Weiblichkeit, andauernden Reichtums und Ansehens.

Wie in der chinesischen Küche, so wird auch im Gartenbau jeder Rest verwendet. Das Ornament der Pflasterflächen wird in Mosaikarbeit aus »Abfällen« hergestellt. Porzellanscherben von Schalen, Dosen, Krügen, wie auch geschliffene Glasscherben, Material zweiter Wahl aus den Werkstätten sowie gebrochene Dachziegel hochkant mit Knirschfuge gelegt (d. h., die Fuge ist kaum spürbar), bilden die Ornamentflächen. Die kleinen Teile erlauben jede Form und Ausdehnung. Die Farbeindrücke werden durch das Weiß der Porzellanscherben, das Blau-Grün des Glases und die rot-braunen Töne der Dachziegel bestimmt. Der seitliche Lichteinfall verleiht den glasierten Flächen aus Porzellan und Glas Glanz und ein kostbares Aussehen.

Die Art des Pflasters ist durch die Beschaffenheit und Größe der Flächen bestimmt. Während die Plätze und Innenhöfe mit flächendeckendem Pflaster versehen sind, werden die Wege innerhalb des Gartens, je nach Bedeutung, unterschiedlich behandelt. Es wird zwischen Haupt- und Nebenwegen unterschieden. Entlang dieser Wege sind manche Kostbarkeiten des Ornamentpflasters zu finden. Über die breiten Hauptwege sowie die Innenhöfe verlaufen teppichartige geometrische Kieselstein-Pflastermuster. Am eindrucksvollsten sind die Bodenbeläge der Gärten von Suzhou in der Nähe von Shanghai – ein Mekka für Garten- und Landschaftsarchitekten. Besonders zu erwähnen ist der »Liu«-Garten, gebaut in der Ming-Dynastie (Wan-li-Zeit 1573–1620). Die Gartenwege bilden den Höhepunkt in der Vereinigung von Pflasterkunst und Symbolik und können sogar für unsere Zeit als Beispiel dienen. Die Muster decken nicht die gesamte Wegbreite ab, sondern nur einen 1,80 bis 2,00 m breiten Streifen. Den Auftakt gibt eine Ornamentfläche. Die restliche Fläche des Weges ist mit Wild-Kieselsteinpflaster zurückhaltend als Übergang zu den Pflanzflächen verlegt.

In dem Glauben, daß nur böse Geister den direkten Weg nehmen, müssen alle Wege eine schlangenartige Mäanderform haben. Dadurch sind die Wege nicht nur Verbindungselemente zwischen A und B, sondern ein wesentlicher Bestandteil des Gartens und des chinesischen Denkens. Die schmalen, kaum 1 m breiten Gartenwege sind wild und punktuell an markanten Stellen, wie an Wegekreuzungen und am Wegebeginn, mit Bildern von Tieren, Fischen und Blumen gepflastert. Wie christliche Kreuzwegstationen begleiten sie den Weg nicht nur als optische Ausschmückung, sondern als Symbole, die die Hoffnungen, Wünsche und Träume des Besitzers aussprechen. So bedeuten:

Fledermaus	– »Fu« – Glück
Lotusblüten	– Sommer und Reinheit
Kranich und Lotusblüten	– Wunsch nach einem langen Leben
Blumenvasen	– »Yin« – Symbole der Weiblichkeit
Päonien	– Voll erblühte Weiblichkeit, andauernder Reichtum und Ansehen.

Selbst wenn es ironisch klingen mag, aber das Begehen eines Weges ist auch eine Gefährdung für die Erhaltung des Weges. Die jetzige Belastung der chinesischen Gärten durch die vielen Besucher ist gegenüber der ursprünglich vorgesehenen Nutzung viel zu hoch. Wie lange uns die Flächen erhalten bleiben, ohne Spuren der Erosion zu zeigen, ist absehbar. Die Gärten waren für eine Familie geplant. Die momentane Umwandlung in Freizeitparks und zu Fotokulissen bietet keine Voraussetzung für ein langes Leben. Aus diesen Gründen wird allmählich an der Restaurierung einiger Gärten gearbeitet.

Der »Garten des Pavillons der dunkelgrünen Welle« ist ein Beweis dafür, daß das Pflasterhandwerk lebt. Der früheste Garten Suzhous, 1044 während der Song-Dynastie gebaut, wurde mehrmals zerstört, zerfiel und wurde wieder aufgebaut. Seit 1927 wird an diesem Garten gearbeitet. Große Flächen des einen Hektar großen Gartens sind zugänglich. Lediglich einige Innenhöfe bleiben noch geschlossen. Hier wird gepflastert. Auf einem Sanduntergrund wird das Grundgerüst mit keramischen Teilen gelegt. In den Zwischenräumen werden die Kieselsteine in Mörtel eingebettet, verlegt und im Reihenverband gefüllt. Die Kieselsteinreihen gehen strahlenförmig auf die zentralen Punkte des Musters zu – Kreise, die den Himmel symbolisieren. Der Pflasterer arbeitet ohne Schemel in hockender Position, neben ihm steht ein Korb in Form einer Schaufel mit bereits ausgesuchten Kieselsteinen. Ein Zuarbeiter liefert das Material. Hier bemerkt man wiederum, daß Pflasterflächen aller Arten vom handwerklichen Geschick, der sorgfältigen Verlegung und der Ausgewogenheit des Materials leben.

57, 58 Die Kunst des Pflasterns lebt noch in China, wenn auch in alten Händen. Man kümmert sich ebenfalls um die Restaurierung von Pflasterflächen. Sortierter Kieselstein wird aus den Korbschaufeln entnommen und in ein Mörtelbett gesetzt.
Garten des Pavillons der dunkelgrünen Welle, Suzhou, China.

ZIEGEL- UND KLINKERPFLASTER

ZIEGELPFLASTER

◁ 59 *Ausgangspunkt des Pflastermusters, das sich über den gesamten Platz erstreckt, ist der zentrale Entwässerungsgully, gestaltet in Form eines Mundes. Il Campo, Siena, Italien.*

60 *Radialstreifen aus hellen Kalksteinplatten, dazwischen rot-braune Ziegel, in Fischgrätmuster verlegt. Il Campo, Siena, Italien.*

In Gegenden, wo es wenig oder kaum Natursteinmaterial für Pflasterflächen gab, begann man sehr früh, künstlich hergestellte Pflastersteine aus gebranntem Ton zu erzeugen und zu verwenden.
Ein historischer Rückblick zeigt, daß Ziegel und Klinker als Straßen- und Platzbefestigung weit verbreitet waren. Das älteste Beispiel von Ziegelpflaster zeigt die Stadt Babylon, die mit gebrannten Ziegelsteinen gepflastert war.
Ausgrabungen beweisen, daß die Römer örtlich vorgefundenes Material im Bereich des Straßenbaues eingesetzt haben. Ziegelsteine wurden nicht nur für die Bauwerke hergestellt, sondern auch für die Befestigung von Wegen, Straßen und Plätzen. Ähnlich wie der Bauziegel wurde das Ziegelpflaster in örtlichen Ziegeleien produziert. Besonders beliebt war die Hochkant-Verlegung der Ziegel in der Art des »opus spicatum« – des Fischgrätmusters.

Die Verwendung von Ziegelsteinen wurde mit zunehmender Besiedelung und Zivilisation verbreitet.
Florenz war im 14. Jahrhundert mit Ziegeln gepflastert, Zürich um 1480. Einer der klassischen Plätze der italienischen Renaissance, »Il Campo« in Siena, ist überzeugend in seiner Einfachheit, von der Form des Platzes bis hin zur selbstverständlichen Gestaltung des Belags: heller Kalksteinradialstreifen, ausgehend von einem zentralen Entwässerungsgully in Form eines Mundes, dazwischen rote Ziegel im Fischgrätmuster.
Im nordeuropäischen Raum sind die ostfriesischen und schlesischen Städte und Dörfer sowie die Niederlande und Dänemark für diese Pflasterart seit Jahrhunderten berühmt.
Im Friedrichsstädter Stadtrecht von 1633 ist festgelegt, daß die Straßen »ten deel met harde Kensteenen, ten dal met goede gebracken

Steen beleght werden«. Weiterhin wurde festgesetzt, daß »een bequeme goote« – eine zweckmäßige Gosse – »met klinckert gelent«, und daß diese Gosse auf einer Breite von sechs Fuß nach der Straße zu mit hochkantig gesetztem Klinker gepflastert werden sollte.

Nicht nur in Norddeutschland, sondern auch im Süden wurden »gebackene Steine« als Ersatz für Naturstein verwendet. Stellenweise war Ulm im 18. Jh. mit Backsteinen gepflastert.

Im Vergleich zum Natursteinpflaster ist naturgemäß die Auswahl des Materiales beschränkt. Aus Lehm, Ton oder toniger Masse werden die Steine in Formen gepreßt, getrocknet und gebrannt. Die Variation liegt in den Farben und zum geringen Teil in den erhältlichen Formaten. Die Farbgebungen sind durch die Stoffe in Lehm oder Ton geprägt. So reicht die Farbskala von Gelb über alle Rottöne bis Dunkelbraun. Die Schattierungen sind fein, variieren sogar innerhalb einer Brennung, sind aber maßgebend für die ästhetische Qualität des Pflasters.

Es wird unterschieden zwischen Ziegel- und Klinkersteinen. Der Unterschied liegt in der Temperatur der Brennung und damit in der Härte des Materials. Ziegel werden niedriger gebrannt als Klinker, haben deshalb mehr Poren und sind weicher. Wegen ihrer großen Poren können sie mehr Wasser aufnehmen und sind daher frostempfindlicher. Die Belastung und Druckfestigkeit sind gering, die Empfindlichkeit gegenüber Säuren ist hoch. In der Regel werden Ziegelsteine in Norddeutschland, den Niederlanden, in Dänemark und England verwendet, wo mildere Klimabedingungen vorherrschen, vor allem aber, weil die europäischen Äquivalente zu den DIN-Normen nicht so streng sind.

61 Gartenweg. Rechteckiger Klinker, hochkant mit Kreuzfugen als Riegel verlegt.

62 Typisches Beispiel der Anwendung von quadratischem Klinker. Der Hauszugang dient gleichzeitig als Hofeinfahrt, reihenweise gepflastert in Klinker mit mittiger Entwässerungsrinne. ▷

KLINKERPFLASTER

Klinker aus eisenhaltigem Ton wird bis zur Sinterung gebrannt. Die Brenntemperatur (1100° C) ist so hoch, daß die Scherben verglasen, die Poren schmelzen, und so wird ein sehr fester, porenloser Stein hergestellt, der kein Wasser mehr aufnehmen kann. Es wird empfohlen, im Außenbereich Klinkersteine zu verwenden, da die Haltbarkeit und vor allem die Frostbeständigkeit gewährleistet sind.
Die Fähigkeiten der Wasseraufnahme, Biegefestigkeit und Druckfestigkeit werden alle nach DIN 18 503 geprüft. Die Klinker müssen frost- und säurebeständig sein. Ein Prüfzeugnis wird für alle Pflasterklinker ausgestellt. Versuche haben gezeigt, daß die Biegefestigkeit und Frostbeständigkeit von Klinker höher sind als bei vergleichbarem anderem künstlichen Material.
Ob es sich um Ziegel oder Klinker handelt, kann von der Farbe und vom Klang her festgestellt werden. Der Ziegelstein ist wesentlich heller in der Farbe. Klinker gibt einen klaren, Ziegel einen wesentlich gedämpfteren Ton.
Nach DIN-Norm 18 503 sind die Grundstoffe von Pflasterklinker als Lehm, Ton oder tonige Masse mit oder ohne Zusatzstoffe angegeben. Die Qualität und die Eigenschaften des Lehms oder Tons werden von der Ziegelei geprüft, denn nicht jeder Ton ist vom Mineralgehalt für Klinker geeignet. Die Zusatzstoffe betonen und leiten die Farbe und erhöhen die Qualitäten des Steins für spezifische Zwecke, u. a. kann die Oberflächengestaltung durch Zusatzstoffe, wie z. B. Sand, der für eine rauhe, strukturierte Fläche sorgt, beeinflußt werden.

KLINKERFORMATE

Die Maße der einzelnen Klinker sind nach einem Fugenraster, das von 10 bis 30 cm reicht, hergestellt. Eine Mindeststärke des Klinkerpflasters ist mit 4 cm vorgegeben. Alle anderen Maße sind innerhalb der Fugenraster frei. So haben die Klinker von Hersteller zu Hersteller unterschiedliche Maße. Vor Planungsbeginn sollten die erhältlichen Maße erfragt werden. Pflasterklinker haben vorwiegend zwei Formen: rechteckige und quadratische Formate.

RECHTECKIGE FORMEN

Ein Überblick über die Maße der erhältlichen Pflasterklinker könnte in seiner Vielfalt verwirrend sein. Übliche Abmessungen der Straßenbauklinker sind:

25 cm × 12 cm × 6,5 cm
24 cm × 11,5 cm × 7,1 cm (oder 5,2 cm)
22 cm × 10,5 cm × 5,2 cm

Die Oberfläche der Klinker kann strukturiert sein, die Kanten gefast, d. h. leicht gerundet, ungefast oder scharfkantig sein. Jedes Klinkerformat ist ebenso wie Ziegelformat in Voll- oder Halbziegel erhältlich, also in halber Steinlänge mit gleichbleibender Stärke und Breite.

QUADRATISCHE FORMEN

Die quadratischen Klinker sind in der Regel in folgenden Größen erhältlich:

30 cm × 30 cm	20 cm × 20 cm
24 cm × 24 cm	18 cm × 18 cm
21 cm × 21 cm	

Die Stärken reichen von 4–7,1 cm.

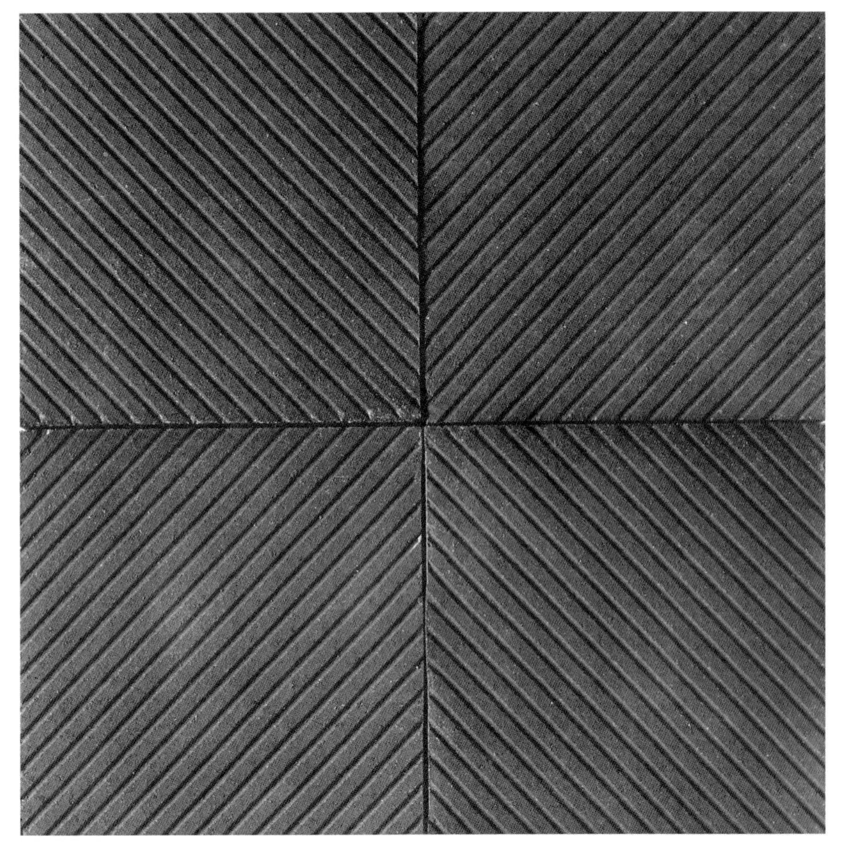

63 Münchner Gehsteigplatten mit Oberflächenstruktur, die heute noch im Handel erhältlich sind. Hersteller des abgebildeten Pflastersteins: Firma Girnghuber.
Geriffelte Platten können beliebig verlegt werden, auch in Viererblocks als Rautenmuster.

64 Eine gekuppte Oberfläche bietet insbesondere auf Gehwegen und Einfahrten einen rutschsicheren Halt.

MÜNCHNER GEHSTEIGPLATTEN

Unter dem quadratischen Pflasterklinker sind die sogenannten Münchner Gehsteigplatten mit einem Maß von 21×21 cm oder 24×24 cm sowie Stärken – je nach Belastung der Fläche – von 4–7 cm lieferbar. Wie der Name andeutet, finden sie als Gehsteigplatten Anwendung, aber auch in Einfahrtsbereichen und Innenhöfen.
Die Mehrzahl der Steine hat glatte Oberflächen, Klinker mit strukturierter Fläche sind jedoch auch vertreten.
Platten mit diagonal geriffelter Fläche und gekuppter Fläche bieten Rädern und auch gummibereiften Fahrzeugen einen besseren Halt, insbesondere an Hanglagen. Eine weitere Oberflächenstruktur sind Noppen, vereinzelt oder mehrfach über die Oberfläche gestreut. Platten geviertelt oder geachtelt mit Ringen dienen zum besseren Halt und beleben die Klinkerfläche.

Um die Jahrhundertwende wurden Sonderplatten eingeführt, die mehr Ähnlichkeit mit den Dekor- bzw. Wandfliesen hatten, mit floralen Jugendstilmotiven, stilisierten Blättern und Ästen. Aus diesem Sortiment sind nur die gekuppten, diagonal geriffelten und geviertelten Platten mit Ringen als Neuware erhältlich. Alle anderen Ornamentklinker sind nur gebraucht erhältlich und haben einen gewissen Seltenheitswert. Die Formen dieser Platten sind verloren oder nicht mehr wirtschaftlich in der Produktion.
Die Neuanfertigung einer Sonderform ist sehr kostenaufwendig und wird nur in Einzelfällen vorgenommen. Sollten alte Pflasterklinker in einer neu zu planenden Anlage vorhanden sein, ist es ratsam, die Klinker vorsichtig hochzunehmen, zwischenzulagern und in die Neuplanung zu integrieren.

65 Oberfläche, geviertelt mit Ringen, auch Alt-Münchner Gehsteigplatten genannt. Die Fläche wird unterteilt und erhält dadurch einen dekorativen Wert. Alle Klinkerplatten sind in unterschiedlichen Farben erhältlich.

66 Historisches Klinkerpflaster mit besonderer Oberflächenstruktur, das nicht als Neuware, sondern nur gebraucht zu erhalten ist:
– Mittig Klinkerstein, schwarz-bunt, genoppt, die Anzahl der Noppen variiert von Fabrikat zu Fabrikat.

67 Geachtelt, ein Klinkerpflaster, das in etwa die Erscheinungsform des Kleinsteinpflasters aufnimmt. Vor allem auf Steigungen und Hofeinfahrten zu finden. Mittig ein Pflaster geviertelt mit Ringen.

68 Zwischen normalem rot-blau-bunten Klinkerstein eine Jugendstil-Sonderform mit grafischen Motiven.

69 Eine Seltenheit: Eichenblattmuster-Klinkersteine. Die Klinker können einzeln, in Viererblocks oder als Bordüre gefunden werden. Solche Exemplare sollte man als Raritäten behandeln.

FARBEN/FARBGEBUNG

Wie bereits erwähnt, wird die Farbe des gebrannten Klinkers von der Lehm- oder Tonmasse bestimmt. Die Tongruben geben je nach geologischem Vorkommen unterschiedliche Qualitäten, jeweils mit verschiedenen Mischungsverhältnissen der Grundstoffe. Dadurch variieren die Farben der Klinker von Ort zu Ort: Zum Beispiel ist, im Vergleich zum holländischen Klinker, der norddeutsche Pflasterklinker, der einen außergewöhnlich starken Eisengehalt aufweist, wesentlich intensiver im Farbton.

- Rot: Die rötliche Färbung wird durch den Eisengehalt des Tons bestimmt und reicht über die Brauntöne Erdbraun, Rotbraun und Dunkelbraun bis hin zu Rot-Orange.
- Gelblich: Der gelbe Farbton wird durch Kalk in den Tonmassen bestimmt.
- Buntsteine: Der Brennvorgang selber kann die Farbgebung des Klinkers beeinflussen. Geflammte Steine, bei denen die Oberfläche der Klinker mit hellen und dunklen Flecken versehen ist, werden durch hohes Brennen erzeugt.
  Farben sind: Schwarz-bunt, Rot-blau-bunt, Blau-bunt.

Innerhalb einer Lieferung werden die Steine leichte Farbunterschiede aufweisen. Dies ist kein Fehler, sondern Teil der Lebendigkeit. Insbesondere bei den dunklen blau-bunten, schwarz-bunten Klinkern sind die Flammungen auf jedem Klinkerpflaster unterschiedlich. Die benötigten Mengen der Steine sollten genauestens berechnet werden, da Nachlieferungen öfters erhebliche Farbunterschiede aufweisen. Bei großen Flächen sollte nicht nur von einer Palette gearbeitet werden, sondern von mehreren. Wenn eine Nachbestellung unvermeidbar ist, sollten einige Paletten zurückbehalten und mit der neuen Lieferung durchgemischt werden. Vor allem bei Arbeitsunterbrechungen sollte bei großen zusammenhängenden Flächen auf ein gutes Mischungsverhältnis geachtet werden. Außer den natürlichen Farbunterschieden ist im Gegensatz zum Natursteinpflaster nicht zu erwarten, daß die Flächen nachdunkeln.

Die Anzahl der Ziegeleien ist in den Nachkriegsjahren zurückgegangen. Viele kleine Ziegeleien sind nicht mehr rentabel, die erforderlichen Produktionskapazitäten können nicht geleistet werden. Die Produktionspalette der Ziegeleien reicht inzwischen über das Gesamtspektrum von Bauziegeln und ist nicht beschränkt auf eine Ziegelform.

VERBUNDPFLASTERKLINKER

In der Fülle der Verbundpflaster für Werkshöfe, Einfahrten, Betriebsgebäude sind auch einige Formen als Klinker erhältlich: S-Form, Fischform, Doppel-T-Form. Optische Erscheinung und Verlegeformen unterscheiden sich nur in der Farbe und Struktur zu anderer ähnlicher Ware.

SONDERFORMEN

Sonderformen werden nach Bedarf, dort wo ein höherer Absatz gesichert ist, angefertigt, z. B. dreieckige oder runde Pflastersteine.

70 Gartenweg, gepflastert mit schmalem holländischen Klinker.

HISTORISCHE FORMATE

Die Ziegel wurden von Hand in Form gepreßt und handgeschlagen. Dadurch waren die Kanten nicht so exakt wie die heute maschinell geschnittenen Klinker. Variationen waren die Regel. Vor der Normierung wurden Ziegel am Ort in kleinen Ziegeleien gefertigt. Obwohl das Format immer ähnlich war, waren die Maße von Ort zu Ort doch unterschiedlich, z. B. »Riemchen« 6×6,5×21 cm – verbreitet in Norddeutschland und hochkant verlegt.

HOLLÄNDISCHE PFLASTERKLINKER

Holländische Pflasterklinker sind weltweit bekannt. Unter den verschiedenen Formaten von holländischem Pflasterklinker sind viele nur bei historischen Pflasterungen zu finden. In der Regel sind die Klinker schmäler als deutsche, nur 8,5 cm im Vergleich zu 10 cm und mehr.
Aus der breiten Palette von Pflasterklinker sind folgende Formate zu erwähnen.

– Waalformat:

Heute wird dieses Format selten als Pflasterklinker hergestellt. Das Waalformat (4,8 × 8,5 × 19,5 cm) wurde nur hochkant verlegt.

– Dickformat:

Dieses Format (6,4 × 8,5 × 19,5 cm) wurde hochkant oder flach verlegt.

– Klinkerkeien:

Ein leicht konischer Klinker mit den Maßen (9,2 × 8,5 × 19,5 cm) mit Eckabrundungen auf die schmalen Flächen. In der Regel werden die Klinkerkeien flach verlegt.

Die folgende Zusammenstellung ist entnommen aus den Artikeln »Der Pflasterklinker«, von Heinz-Helmut Hensiek, erschienen 1967 in der Zeitschrift Straßenbau-Technik:

Waalformat	4,8 × 8,5 × 19,5 cm	95 Stück/qm
Dickformat	6,4 × 8,5 × 19,5 cm	70 Stück/qm
Klinkerkei	9,2 × 8,5 × 19,5 cm	50 Stück/qm
Reichsformat	25,0 × 12,0 × 6,5 cm	32 Stück/qm
Dünnformat	24,0 × 11,5 × 5,2 cm	33 Stück/qm
Staloton Format	24,5 × 12,0 × 4,5 cm	32 Stück/qm
Oldenburger Format	22,0 × 10,5 × 5,2 cm	42 Stück/qm
Oldenburger Format	hochkant verlegt	82 Stück/qm

GEBRAUCHTE STEINE

Für viele Projekte, insbesondere im historischen Ortskern, werden alte gebrauchte Ziegel- oder Klinkersteine bevorzugt. Nicht nur das entsprechende historische Format kann Verwendung finden, sondern wie bei gebrauchtem Natursteinpflaster ist die richtige Patina und Abnutzung vorhanden. Nachdem die alten Steine sorgfältig gesäubert und von allen Spuren des Mörtels befreit sind, sollte die Ladung sortiert werden. Eventuell beschädigte Ziegel oder Klinker können als Paßsteine verwendet werden. Die Ersparnis beim Erwerb von gebrauchtem Material im Vergleich zum Preis von neuem Material wird durch den hohen Ausfall von brauchbarem Material meist wieder ausgeglichen.

DIE VIELZAHL DER VERLEGUNGSFORMEN

Klinker- und Ziegelpflaster bieten eine Fülle von Verlegungsmöglichkeiten, für kleine Flächen ebenso wie für große. Die Entscheidung, ob Naturstein- oder Ziegelpflaster genommen werden soll, richtet sich neben den ästhetischen Wünschen nach den örtlich verwendeten Bodenbelägen, dem Material, aus dem die angrenzenden Gebäude errichtet wurden und schließlich nach den Kosten.

Ein eindeutiger Vorteil von Klinker und Ziegel ist die regelmäßige, ebene Oberfläche, die rutschsicher und bequem zu begehen ist, wie auch im Vergleich zum Natursteinpflaster die schnellere Verlegung. Durch die Wahl des Verlegungsmusters können Gestaltungselemente im Gartenplan hervorgeholt und betont werden. Verlegungsarten mit einer starken Längsrichtung können die Länge eines Weges unterstreichen, während ein quadratisches Muster einen gestaltlosen Plan ausgleichen kann.

Die unterschiedlichen Verbundsformen wurden nicht ausschließlich wegen ihrer optischen Wirkung entwickelt, sondern vielmehr, um für die jeweilige Situation und Funktion einen optimalen Verband zu gewährleisten. Hier wird der Belastungsgrad des Verkehrs – ob Fußgänger oder Kraftfahrzeug – berücksichtigt wie auch die Anbindung an andere Flächen und die Verzahnung der einzelnen Steine in die Fläche selbst.

Klinker- und Ziegelpflaster rechteckigen Formats können längs oder hochkant verlegt werden. Dadurch ergibt sich bei der gleichen Verlegungsart ein unterschiedlicher optischer Rhythmus. Dazu kommt die Möglichkeit, mit breiten oder engen Fugen die Steine zu verlegen: Kleinigkeiten, die ein individuelles Verlegen ermöglichen.

Für Klinker- und Ziegelpflasterverbände gelten ähnliche Regeln wie für Naturstein-Pflasterflächen:

- Der richtige Verband für die Flächengröße, Funktion und den erwarteten Belastungsgrad.
- Der passende Verband für das Pflasterformat.
- Fachmännische Ausführung.

Die Vorbereitungsarbeiten sind wichtig. Planung, Bestellung von Material in ausreichender Menge, Vorbereitung des Untergrundes, des Pflasterbettes und nicht zuletzt die Legung von Schnüren als Hilfsmittel und Richtungsweiser für den Verband.

Die Pflasterstärke soll der Belastung entsprechen. Für Gehwege werden andere Stärken als beim Fahrweg verwendet, insbesondere bei Zufahrten und Gehwegen, die auch als Feuerwehrweg dienen sollen. Hier sollen beispielsweise quadratische Klinker mit 6 cm Stärke gelegt werden. Außer der Belastung von oben müssen nur wenige Arten von Lasten im Gegensatz zu Mauern berücksichtigt werden. Deshalb stehen viel mehr Verbundsformen zur Wahl. Pflaster, geeignet für engfugige Verlegung, wird mit dem Buchstaben »E« gekennzeichnet, für breitfugige Verlegung mit »F«.

LÄUFER-REIHENVERBUND

Dieser ist der einfachste aller Verbände, einer der gängigsten und sehr leicht zu verlegen. Halbsteine können mitgeliefert werden, um das Schneiden der Steine zu vermeiden und das Einhalten des Verbandes zu gewährleisten. So wie bei einem Mauerverbund werden die Ziegel der Längsseite nach flach verlegt, Reihe für Reihe, mit ½-, ¼- und ¾-Stein-Versetzung. Dadurch werden Kreuzfugen vermieden.
Eine sehr starke Richtungswirkung im Weg kann erzielt werden, wenn die Reihen parallel zu den Wegkanten laufen. Reihen im rechten Winkel haben eher den Effekt, einen Weg optisch zu verkürzen. Diese Verbundsart ist auch für quadratische Klinkerplatten geeignet.

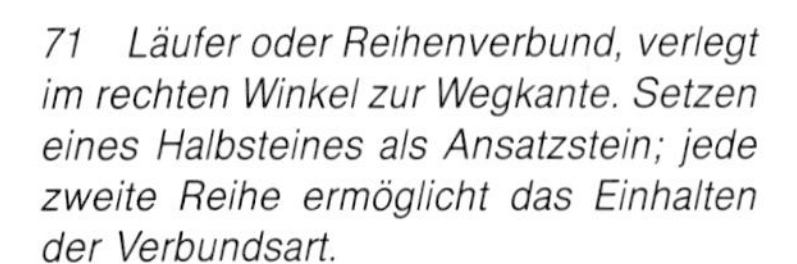

71 Läufer oder Reihenverbund, verlegt im rechten Winkel zur Wegkante. Setzen eines Halbsteines als Ansatzstein; jede zweite Reihe ermöglicht das Einhalten der Verbundsart.

72 Gartenweg mit leicht gewölbtem Profil und doppelter Einfassungsreihe, verlegt in altem Halb- und Vollsteinklinker.

73 Die Längsrichtung des Weges wird durch den Läuferverbund und schmalen holländischen Klinker betont. Moos in den Fugen erweckt den Eindruck von einem nahtlosen Übergang zwischen Bepflanzung und Belag.

74 Der Übergang zwischen zwei Richtungen von Läufermustern wird zum Gestaltungselement. Scripps College, Los Angeles, USA.

75 Qualitätvolle Ausführung durch die Verwendung von einheitlichem Belag und Verlegungsart für Weg und Terrasse. In ihrer Bescheidenheit fügt sich die befestigte Fläche – im Läuferverbund gesetzt – in den Garten ein und lädt zum Aufenthalt ein.

76

MITTELSTEINVERBUND

Die Reihen innerhalb einer Fläche können, wenn gewünscht, in unterschiedlichen Richtungen gelegt werden. Hierdurch werden besondere optische Effekte erzielt, die die Wirkung eines Schmuckpflasters haben.
Die Reihen können nach innen, in konzentrischer Form wie Schnecken, verlegt werden. Der Ansatz oder Mittelstein wird je nach Form des Musters, ob quadratisch oder rechteckig, in Voll- oder Halbziegel gepflastert. Eine Alternative ist eine kurze Reihe, bestehend aus drei Steinen, um einen rechteckigen »Kasten« zu formen.
Dieses Muster kann in quadratischer oder rechteckiger Form beliebiger Größe ausgeführt werden. Es ist nicht für Bereiche mit schweren Belastungen, sondern als schmückender Platz oder Terrassenbefestigung gedacht.
Eine Variation besteht im Aneinanderreihen von einzelnen kleinformatigen Mittelsteinblöcken. Einzelne Blöcke mit Halbsteinen sind Ausgangspunkt. Wie ein Schneckengehäuse wickeln sie sich um alle anderen Steine in Reihen um den Mittelstein.

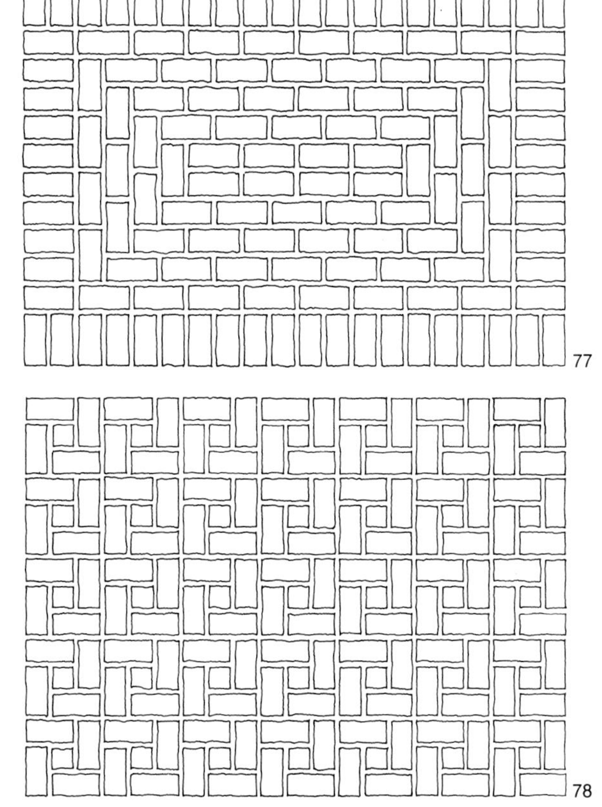

77

78

76 Schmaler Gartenweg, Ziegel in Mittelsteinverbundblocks aneinandergereiht.
Barnsley House, England.

77 Mittelsteinverbund, hier in rechteckiger Form dargestellt. Die Reihen verlaufen konzentrisch nach innen. Diese Verbundsform kann beliebig groß verlegt werden. Wichtig ist die Einfassung des Musters durch eine Steinreihe.

78 Kleinteiliger Mittelsteinverbund, über eine große Fläche wiederholt, geeignet für Plätze oder Gartenterrassen.

DIAGONALVERBUND

Die einzelnen Steine werden im 45°-Winkel zum Weg- oder Straßenrand gelegt. Auf beiden Seiten sollten als Abgrenzung mindestens einreihig längs verlegte Steine dienen. Der Ansatzstein kann ein spezialangefertigter Dreieckstein oder ein am Ort mit Diamantschneider geschnittener Paßziegelstein sein. Diagonalverbund, ausgeführt in quadratischem Klinkerpflaster auf breiten Gehwegen, kann sehr effektvoll wirken.

FISCHGRÄT- ODER KEPERVERBUND

Zwei Diagonalen von jeder Seite treffen sich in einem 90°-Winkel. Die Überschneidung ist Reihe zu Reihe versetzt, so daß ein stabiler Verbund entsteht. Längs zur Straße, zum Weg oder Platzrand sollte eine mindestens einreihige Längszeile als Einrahmung und Anschluß dienen. Über einem Platz kann sich das Fischgrät-Muster als Zick-Zack wiederholen. Hier wird nach jedem Stein die Richtung gewechselt. Der Höhepunkt soll am obersten Stoß die Diagonale sein, die Tiefpunkte am untersten.

ELLBOGENVERBUND ODER MAUERVERBUND

Im Prinzip ist dies eine Variation des Fischgrät-Verbundes. Statt in 45° zur Fahrtrichtung zu liegen, liegt der Stoßpunkt um 90°, so daß immer eine Reihe parallel zum Rand läuft. Die einzelnen Steine überlappen und binden sich mit einem Halbstein. Ein Verbund für Gehwege, als Bordüre für Plätze mit wenig Belastung.

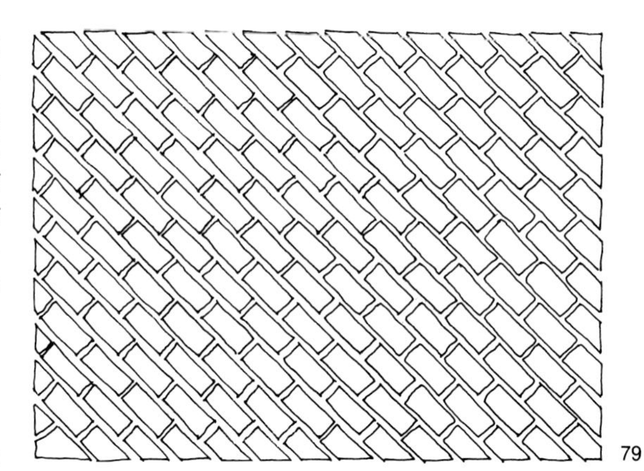

79 Diagonalverbund mit 45°-Winkel.

80 Klassisches Fischgrätmuster. Statt nur des Zusammentreffens von zwei Diagonalen wird das Muster in Zick-Zack-Form über der gesamten Fläche wiederholt. Geeignet für Wege, Straßen und Plätze.

81 Ellbogenmuster – auch Maurerverbund genannt. Von dem Verlegungsprinzip her dem Fischgrätmuster ähnlich, nur im 90°-Winkel zur Wegkante.

82 Eingangs- und Einfahrtsbereich, im Fischgrätmuster verlegt.

83 Pflasterflächen leben von Detaillösungen. Hier wird der Deckel wie ein edles Element behandelt, gefaßt mit Halbsteinen und in die Fischgrätpflasterfläche integriert.

84 Längliche Ziegel vom Anfang des 20. Jahrhunderts, handgeformt in einem Maß ähnlich dem holländischen Klinker und mit engen Fugen in Fischgrätmuster verlegt. Der Moosbewuchs zwischen den Fugen verleiht der Fläche eine dreidimensionale samtähnliche Qualität.

87

BLOCK- ODER PARKETTVERBUND

Eine Verlegungsart mit sehr vielen Möglichkeiten und Variationen: Zwischen zwei quergelegten Ziegeln werden zwei Ziegel längs verlegt. Innerhalb der Blockreihe wiederholt sich das Muster. Die darunterliegenden Blöcke können versetzt werden.
Die Variationen reichen von zwei Ziegeln quer verlegt, dazwischen drei Ziegel hochkant verlegt, bis hin zu unterschiedlichem Versetzen der Blöcke.
So sind die Regeln dieser Verbundsart zu beliebiger Interpretation offen. Wie bei allen Verbundsformen sollten die Block-Parkettmuster auf eine einreihige Steineinfassung stoßen. Ein Blockverbund ist ebenso geeignet für Wege wie für Plätze.

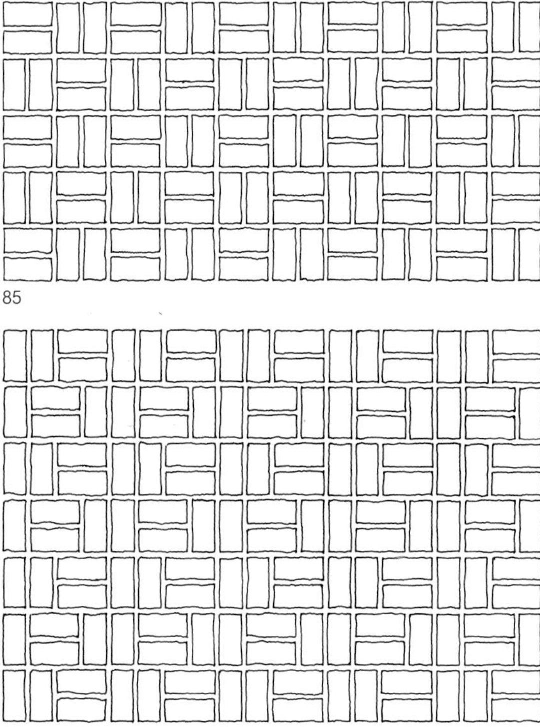
85

86

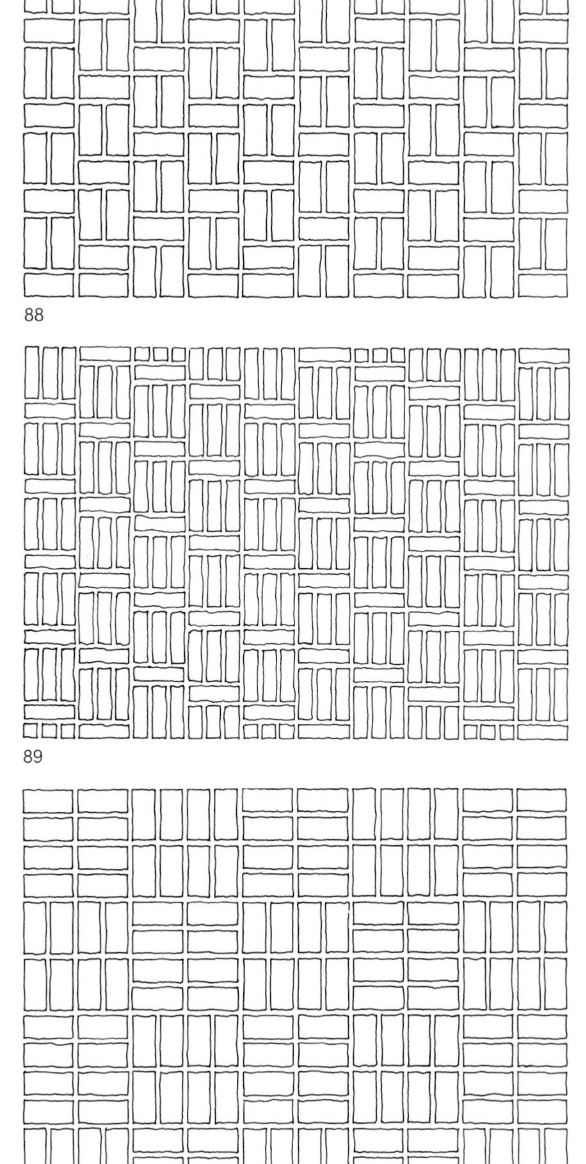
88

89

90

85 Klassischer Blockverbund, flach verlegte Klinkerpflaster in sich wiederholenden Zweierreihen.

86 Blockverbund oder Parkettmuster nach dem »Sandwich«-System: zwischen Längsläufer eine Füllung aus zwei Steinen quer verlegt.

87 Blau-bunte Klinker, hochkant in schmalem Blockverbund als Gartenweg gepflastert. Längs gelegter Klinker als einfache Einfassung.

88, 89, 90 Variationen zum Thema Block- oder Parkettverbund. Die Ziegel oder Klinker können hochkant oder flach verlegt, die Blöcke versetzt sein. Dadurch ist für jedes Muster eine andere Gestaltungsform erreichbar.

91 Kurven können auch im Blockverbund ausgeführt werden. Die einzelnen Steine müssen entsprechend dem Radius gesetzt und, wenn nötig, zugeschnitten werden.

92 Ziegel im Blockverbund vor einem Gartentor in Sissinghurst Garden, England.

93 Flechtverbund – das Einhalten des Musters ist abhängig vom Setzen der Halbsteine in die Leerräume zwischen die Flechtrichtungen.

94 Schachtverbund: am deutlichsten, wenn in zwei unterschiedlichen Klinker- oder Ziegelfarben ausgeführt.

95 Kreuzverbund, bestehend aus beabsichtigten Kreuzfugen. Ein Verbund mit geringem Belastungsgrad.

96 Rotbrauner quadratischer Klinker im Kreuzverbund.

FLECHTVERBUND

Wie sein Name andeutet, wirkt dieser Verbund wie ein Flechtwerk. Abwechselnd werden zwei querliegende Ziegel über zwei längs im Winkel liegende Steine gesetzt. Dieses System wiederholt sich. Das Flechtmuster sollte in beiden Richtungen durchgehend sein. Die Wirkung kann durch die Verlegung von farblich unterschiedlichen Ziegeln in beiden Flechtrichtungen gesteigert werden.

SCHACHTVERBUND

Eine Variation des Flechtverbundes, wobei alle Steine doppelt oder dreifach im 45°-Winkel in Blocks gesetzt sind. Die Wirkung kann durch die Verwendung von farblich unterschiedlichen Steinen gesteigert werden.

KREUZVERBUND

Flach gelegte Steine werden in regelmäßigem Kreuzverbund gelegt. Besondere Genauigkeit in der Fugenbreite ist gefordert. Ein Verbund mit sehr begrenzter Belastungsmöglichkeit, nur für den Privatbereich geeignet. Sowohl im rechteckigen wie auch quadratischen Pflaster ausführbar.

94

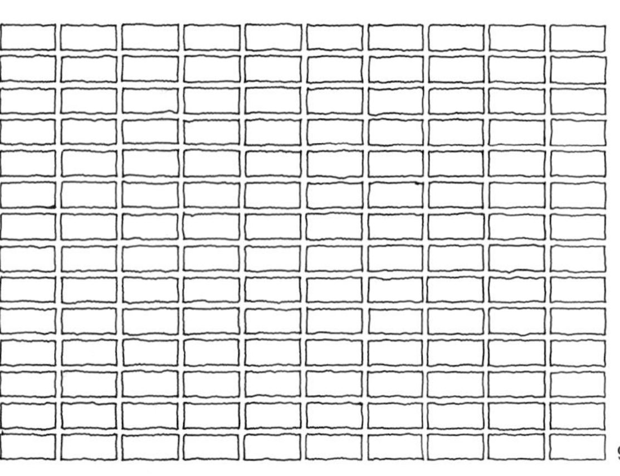
95

93

96

KOMBINATION VON VERLEGUNGSARTEN

Durchgehende Verwendung einer Musterart kann sehr effektvoll wirken. Dies wird in den Gärten von Filoli in der Nähe von San Francisco/ Kalifornien deutlich, wo auf Wegen und Plätzen ein Blockverbund in einem einheitlichen Ziegelstein gelegt wurde.
Kombinationen von Verlegungsarten müssen sehr gut geplant und vor allem nach der Form der Fläche gestaltet sein. Der Wechsel von einem Muster zum anderen sollte durch neutrale Längsreihen getrennt werden, die zudem als Einrahmung dienen und gewährleisten, daß jedes Muster für sich wirkt, aber gleichzeitig als Gesamtanlage erkennbar ist.

Alle diese Verlegungsarten können mit rechteckigem Pflaster ausgeführt werden. Dagegen sind die Verlegungsmuster, die für quadratische Pflaster verwendbar sind, begrenzt. Hier stehen lediglich zur Auswahl:

- Läufer-Reihenverbund
- Diagonalverbund
- Kreuzverbund

97, 98 Die Länge des Weges bekommt durch den Blockverbund einen gewissen Rhythmus. Die seitliche Rollschicht hat offene Fugen, um das Wasser in die darunterliegende Entwässerungsrinne zu führen. Filoli Garten, Kalifornien, USA.

99, 100, 101, 102 Unterschiedlichste Ornament-Verlegungsarten für Klinker- und Ziegelpflaster, geeignet für Plätze und Terrassen.

»GRÜNES PFLASTER«

RASENPFLASTER

103 Selten befahrener Hof. Granit-Großsteinpflaster, in Reihen mit Rasenfugen verlegt. Dieser Hof wurde im Rahmen des Hinterhof-Wettbewerbs der Stadt München ausgezeichnet.

Rasenpflaster bietet eine ideale Lösung für Zufahrten und Wege, die sporadisch begangen oder befahren werden, wo aber die jeweilige Belastung durch die Fahrzeuge für die Verwendung von Rasen- und Schotterwege zu hoch ist. Dies trifft besonders zu für Sommer-Parkplätze, z. B. vor Freibädern, Parkplätze an Sportplätzen, für Feuerwehrzufahrten und Garageneinfahrten. In Gärten und Parkanlagen bilden Wege aus Rasenpflaster einen nahtlosen Übergang zwischen Rasenfläche und Weg.

104 *Parkweg mit Rasenpflaster. Granit-Großsteinpflaster, verlegt mit sehr breiten Fugen. Die Rasenfugen sind gut eingewachsen, so daß die Steine wie Trittplatten in der Rasenfläche wirken.*

105 *Schemaskizze, Wege mit Rasenpflaster. In der Wegmitte eng gepflastert. Zum Wegrand werden die Fugen immer breiter. Optisch wachsen die Rasenfugen in die Wiese hinein. Kleinsteinpflaster, gebettet auf 3–5 cm Sand, Körnung 3–4 mm, darunter ein Kiesunterbau.*

Das Pflaster wird wie gewöhnliches Pflaster auf einen korrekten Untergrund gelegt. Bei Natursteinpflaster kann jede Steingröße, die nicht kleiner als die 8/10er Steine ist, verwendet werden. Die Fugenbreite liegt höher als bei sonstigen Pflasterflächen und richtet sich je nach Steingröße: 1 cm breit bei 8/10er Stein, etwa 2 cm bei Großsteinpflaster.
Ein wertvoller gestalterischer Trick ist, die Wegmitte mit engeren Fugen zu versetzen, zum Wegrand aber die Rasenfugen breiter zu machen, so daß die »Wegeränder anwachsen«.
Die Fugen werden bis zu einer Tiefe von minimal 3 cm von der Oberfläche mit einer Mischung aus Humus und Saat gefüllt. Als Ansaat wird eine Trockenrasenmischung empfohlen. Dies entspricht den Konditionen in der Umgebung der Steine, ein magerer Boden, der schnell austrocknet. Bei Sonneneinstrahlung heizen die Steine an der Oberfläche auf. Dies kann bei langen Sonnenperioden zu einer gewissen »Ausgebrannterscheinung« des Rasens führen. Der Rasen regeneriert sich aber wieder sehr schnell. Es ist zu empfehlen, daß im Anfangsstadium das Rasenpflaster während Trockenzeiten bewässert wird.
Wichtig ist, daß die Fugen möglichst schnell nach der Ansaat bewachsen werden. Hier sind richtige Wachstumsbedingungen wichtig – feuchter Boden, nach Bedarf Bewässerung, und daß die Flächen in den Anfangsphasen nicht befahren werden. Mit der Zeit ist es möglich, daß sich die Artenzusammensetzung des Bewuchses ändert und der Umgebung anpaßt.

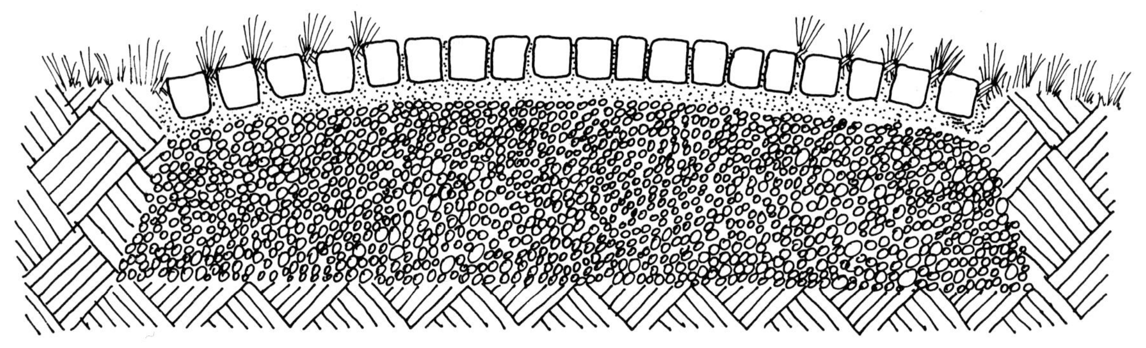

106 Rasenpflaster in einer trockenen Saison. Wenn die Fugen breit genug sind, kann sich der Rasen regenerieren.

107 Runder Platz, ideal als Wäschetrocken- und Sommersitzplatz. Eine befestigte, doch grüne Fläche, die sich harmonisch ins Gartenbild einfügt.

SPONTANE »GRÜN«-PFLASTER

108 »Grünes« Pflaster. Die breiten Fugen des Klinkerpflasters wurden mit Flugsamen von Gräsern und Stauden besiedelt. Eine spontane Begrünung, in der die Fläche begehbar bleibt.
Hinterhof in München.

Unbeabsichtigte Rasenflächen oder niedriges Gewächs findet man in Gärten und Höfen, wo die Bodenbeläge kaum oder selten begangen werden und die Fugen mit Splitt gefüllt sind. Ein grüner Schimmer setzt sich in die Fugen; im schattigen Bereich aus Moos, sonst aus Anfluggräsern und Pflanzen aus der Krautschicht, die sich spontan angesiedelt haben. So bekommt das Pflaster ein eigenes Leben, einen grünen Schleier, der selbst das Naturstein- oder Ziegelpflaster zudeckt.

RASENPFLASTER MIT ZIEGELSTEINEN

109 Kleinbewuchs hat sich in den Fugen einer selten begangenen Ziegelfläche eingenistet. Ein typischer Fall bei Rändern von Wegen und Plätzen aus Natur- und Ziegelstein. Die Voraussetzung für den Bewuchs sind Sand/Splitt-Fugen.

In den letzten Jahren sind viele Versionen des Rasensteinpflasters auf den Markt gekommen, entweder unter dem Prinzip der bewachsenen Fuge oder daß Löcher im Stein selbst mit Erdreich gefüllt werden. Lochklinker sollen mindestens über 20 Löcher haben und sind so zu verlegen, daß die Längstfugen senkrecht zur Fahrtrichtung liegen. Die Befahrbarkeit der Fläche ist gewährleistet, die Grünwirkung des Rasens gegeben. Der Vorteil von Ziegel und Klinker – sei es der spezialangefertigte Rasenstein oder das Klinkerpflaster mit Rasenfuge – ist, daß sich die erforderliche Feuchtigkeit unter dem Stein sammelt und hält.

Mit Rasenpflaster können auch Flachdächer begrünt werden. Hier wird eine Bedeckung mit geringem eigenen Gewicht verlangt, eine Bedekkung gegen Wind- und Wassererosion, die eine grüne Fläche formt. Eine bereits mehrfach erprobte Lösung ist die Verwendung von quadratischen Klinkersteinen mit breiten Fugen auf Kies gelegt. Die Fugen werden mit Humus gefüllt und mit Trockenrasen angesät. Mit Hilfe von Flugsamen werden die Fugen schnell mit einer interessanten Mischung von spontaner und gelenkter Vegetation begrünt. Die Platten bedecken die Fläche, die Wurzeln der Gräser strecken sich in die feuchten Zonen unter dem Klinker, und binnen kurzem ist eine grüne Fläche gegeben. Die Fläche ist begehbar, pflegeleicht und bietet in allen Jahreszeiten einen optischen Reiz – im Endeffekt eine Fortsetzung des Gedankens der vermoosten Dachziegellandschaft.

Bei allen Formen von bewachsenem Pflaster ist zu bemerken, daß bei mehrfachem und regelmäßigem Begehen oder Befahren der Rasen abgetreten wird, erodiert und zunehmend schwächer wird. Die Rasenstreifen sind schmal und nur bedingt belastbar. Besonders bei Parkplätzen, die regelmäßig ganzjährig benutzt werden, ist es fast abzuraten, Rasenpflaster zu verwenden. Das Grün hat keine Chance, sich zu regenerieren, das Ergebnis ist ein mageres, dünnes, spasmodisches Grün, mehr ausgezeichnet durch die braunen Humusfugen als durch das Gras.

FACHGERECHTES PFLASTERN

Erst mit dem Pflastern beginnt das Material zu leben. Die Art, wie gepflastert wird, ist entscheidend. Die Kritik, die bezüglich der Begehbarkeit an der Pflasterfläche geübt wird, bezieht sich in der Regel auf ungekonnte Verlegung. Ebene Flächen, gleichmäßige Fugen, Kopffläche nach oben sowie Berücksichtigung von Gefällen kennzeichnen fachgerecht ausgeführte Pflasterflächen.
Das Pflastern ist ein Handwerksberuf, der sich über Jahrhunderte entwickelt hat. Nicht ohne Grund werden die Pflasterer als meisterhafte Handwerker gelobt und mit Höchstsätzen entlohnt. Eine Lehre, Gesellenprüfung und schließlich die Meisterprüfung sind die Lernphasen, die ein angehender Pflasterer durchlaufen muß. Während dieser Ausbildungszeit wird er mit den Eigenschaften des Materials vertraut gemacht. Das Setzen der Steine wird durch den Meister persönlich oder direkt unter seiner Anleitung ausgeführt.
Obwohl der Pflasterer nach der Handwerksordnung den Straßenbauern zugeordnet ist, arbeiten mehrere Firmen ausschließlich mit Pflasterern. Deren Aufgabe ist nicht nur die Neuherstellung von Flächen, sondern auch die Pflege und Instandhaltung von beschädigten und vorhandenen Flächen sowie die Ausbildung von Nachwuchskräften.
In Privatgärten kann der Pflasterer eine individuelle Note bringen, Vorschläge aus seiner Praxis verwirklichen und für eine qualitätvolle Ausführung sorgen.
In öffentlichen Anlagen, vor allem auf Stadtplätzen oder Fußgängerzonen, ist der Einsatz der Pflasterer unumgänglich, denn sie sind diejenigen, die die Vorschläge des Planers in die Tat umsetzen können. Schon in der ersten Phase der Detaillierung ist es ratsam, Kontakt mit einem Fachmann aufzunehmen. Hierdurch können viele Fehlplanungen vermieden werden.

VORBEREITENDE MASSNAHMEN

Zum Pflastervorgang gehört eine Reihe von vorbereitenden Maßnahmen, die beweisen, daß das Pflastern wesentlich mehr ist als nur das reihenweise Setzen der Pflastersteine:
- Begutachtung des Untergrundes
- Bestellung des Materials, Beratung zur Eignung des Materials
- Berechnung der Höhenabwicklung, Berücksichtigung des natürlichen Gefälles und Entwässerung der Fläche
- Berechnung der Radien und Bogenbreiten und wenn erforderlich die Einteilung des Musters
- Herstellung von Schablonen aus Holz für Ornamentmuster im Maßstab 1:1

DER PFLASTERVORGANG

Der Pflastervorgang ist für jede Musterart gleich:
- Herstellung eines frostsicheren, tragfähigen, ebenen Untergrundes. Dies ist Grundvoraussetzung für eine gut ausgeführte, langlebige Pflasterfläche.
- Setzen aller Flucht- und Hilfslinien, die die Einteilung des Pflastermusters vorgeben, u. a. Eisenstäbe und Schnurlinien, die Abstand, Verlauf und Höhen angeben.
- Anlieferung von Steinmaterial, von Hilfsarbeitern reihenweise in Richtung des Arbeitsvorganges deponiert.

Erst nach diesen Schritten kann das Setzen der Steine beginnen.

110 Des Pflasterers Werkzeug: Holzschemel, Kleinsteinpflaster-Hammer, einseitig schaufelartig zugespitzt, Schnurren und Eisenstäbe.

111 Der Pflasterer arbeitet rückwärts. Vom hinter ihm liegenden Pflasterhaufen greift der Pflasterer nach einem Stein.

112 In das vorbereitete Sandbett wird der Stein mit der Kopffläche nach oben eingesetzt und leicht geklopft.

- Der Pflasterer arbeitet rückwärts, sitzend auf seinem einbeinigen Schemel, oder er kniet (mit Knieschutz). Bei großen Flächen arbeiten mehrere Pflasterer auf einer Höhe. Der Arbeitsbereich ist durch die Schnüre angegeben, die auch die vorläufige Höhe der Steine festlegen – etwa 1 cm höher als die fertige Höhe.
- Der Pflasterer greift für einen Stein nach hinten. Ein Platz im Sand wird mit dem Hammer vorbereitet. Spezialhammer werden jeweils für Kleinstein- und Großsteinpflaster verwendet. Der Stein wird mit der Kopffläche nach oben plaziert und anschließend geklopft, so daß er »hammerfest« sitzt. So wird Stein für Stein in das entsprechende Muster gesetzt.
- Die frisch gesetzte Fläche wird eingesandet, um den Halt der Fläche zu gewährleisten und die Stabilität durch eventuelles Begehen nicht zu gefährden.
- Die angesandete Fläche wird mit Wasser geschwemmt, die Sandkörner schließen die Fugen, und die Steine sitzen dadurch noch fester.
- Anschließend wird die fertig gepflasterte Fläche per Hand auf die Endhöhe gerammt (Handrammer oder Stößel mind. 30 kg schwer) oder – wie heute üblich – maschinell gerammt.

  Die endgültige Höhe – ca. 1 cm niedriger als die zuerst gepflasterte Ebene – wird mit einer 4 m langen Latte geprüft.

113 Während des Pflasterns werden vorgegebene Elemente wie Gullys, Deckel usw. mit einer Reihe Pflaster umfaßt, erst dann wird das Muster der Pflasterfläche angearbeitet.

114 Die frisch gesetzten Pflastersteine werden mit Sand der Körnung des Pflasterbeets überstreut und mit einem Besen eingefegt.

– Die Pflasterflächen werden mehrmals (zweimal) über einige Wochen angesandet und mit Wasser eingeschwemmt, bis die Fugen satt sind und kein Füllsand mehr durchsickern kann. Die Steine sitzen fest und bündig in der Fläche, sind miteinander verzahnt, nicht lokker und widerstehen jedem Test, einzelne Steine zu entfernen.

Während des Setzens der Steine werden Ränder, Einfassungen sowie Gullys, Deckel etc. in die Pflasterfläche mit eingearbeitet. Gullys und Deckel werden mit einer einzelnen Reihe Steine umfaßt, Entwässerungsrinnen werden in der Fläche bewußt integriert.

In den Wintermonaten, insbesondere in der frost- und schneereichen Zeit, wird nicht gepflastert, da die Ausführung der Arbeiten erschwert wäre und die Flächen selbst durch den gefrorenen Untergrund eine geringe Stabilität aufweisen würden.

Auskunft über Straßenbaubetriebe mit Pflasterkenntnissen geben die örtlichen Fachverbände.

UNTERBAU UND BETTUNG

Ob Naturstein oder Klinkerpflaster als Belag verlegt wird, ist für den Unterbau im Prinzip gleich. Je nach Beschaffenheit des Bodens wird unterschieden zwischen
- sandigem Boden
- lehmigem Boden
- kiesigem Boden

Bei lehmigem Boden kann es notwendig sein, eine Drainage vorzusehen, denn sowohl der Unterbau wie auch der darunterliegende Boden sollen wasserdurchlässig sein. Je nach Beschaffenheit des Bodens gelten unterschiedliche Aushubtiefen. In München z. B. ist die amtliche Aushubtiefe bei Fahrbahnen 0,80 m, bei öffentlichen Gehwegen wegen der Verlegung von Leitungen bis 1,50 m.
Nachdem der Boden ausgekoffert, abgeglichen und verdichtet wurde, wird die Trag- oder Unterbauschicht in einer Höhe zwischen 15 und 30 cm aufgetragen. Die Stärke der Unterbauschicht hängt von der Stärke der Verkehrsbelastung ab. Es wird zwischen schwerem, mittlerem und leichtem Verkehr unterschieden. Hiermit ist Kraftfahrzeugverkehr auf Straßen bis zum Fußgängerverkehr auf Gehwegen gemeint. Die Art des Verkehrs und der geschätzte Belastungsgrad sollten bei der Planung bedacht werden.

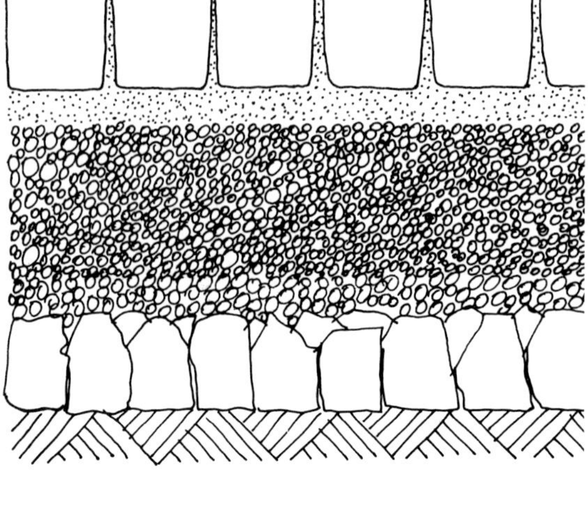

Vorgeschrieben ist in allen Fällen frostsicheres, wasserdurchlässiges Material. In der Regel ist dies Kies, frei von erdigen, lehmigen oder pflanzlichen Bestandteilen. Diese Unterbauschicht wird ebenfalls verdichtet und profilgemäß planiert. Bei starken Schichten, vor allem bei Auffüllungen, ist zu beachten, daß das Material in regelmäßigen Schichtstärken von 30 cm aufgetragen wird und jeweils verdichtet ist, bevor die nächste Schicht aufgetragen wird. Anschließend wird die Bettungsschicht unter Berücksichtigung des Gefälles aufgetragen. Für das Pflaster wird mit 3–5 cm Höhe ein Sandbett der Körnung 2/5 mm aufgetragen.
- Bei Großsteinpflaster max. 5 cm
- Kleinsteinpflaster max. 3 cm
- Mosaiksteinpflaster max. 3 cm

Verfugt wird ebenfalls mit Sand der Körnung 2/5 mm. In besonderen Fällen kann auch mit einem Zementmörtel verfugt werden, bestehend aus einem Teil Zement zu drei Teilen Sand gemischt mit Wasser. Beim Verfugen sollte der Zementmörtel vorsichtig aufgetragen werden, damit die Pflastersteine nicht verschmiert werden. Spuren sollen sofort entfernt werden.
Fugendichtung mit Bitumenemulsion: Fugen in Groß- und Kleinsteinpflaster im Bereich von Einfahrten und Einmündungen, die von schweren LKW's befahren werden, oder in Gleisbereichen können mit einer Fugendichtung aus Bitumenemulsion verfugt werden. Die Vergußmasse ist sorgfältig 4 cm unter der Pflasteroberkante in die Fuge zu gießen.

115 Unterbau und Bettung für Natursteinpflaster.
Großsteinpflaster-Bettung in 5 cm Sand, Körnung ∅ 2–5 mm.
Unterbett: mind. 30 cm Kies.
Grundbau in Lagen: 25 cm Packlage.
In Gegenden mit Kiesuntergrund kann der Kiesunterbau die Packlage ersetzen. Die amtlichen Aushubtiefen sollten beachtet werden.

116 Fachgerechte Verlegung von quadratischem Klinker im Kreuzverband für schwachen Verkehr.

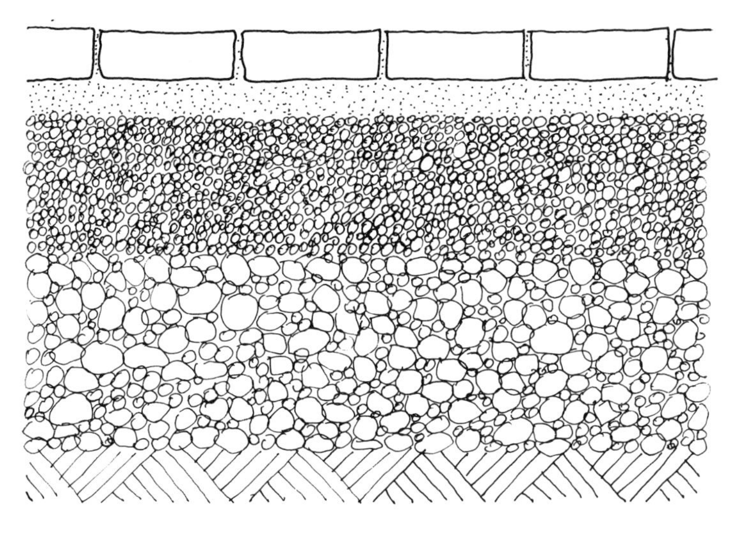

Schemenskizzen, Verlegung von flachverlegtem Klinker für unterschiedliche Verkehrsbelastung:
117 Aufbau für schweren Verkehr (Straßen).
Bettung: 4–10 cm Splitt, Körnung ∅ 3–4 mm
Unterbau: 30 cm Schotter eingerüttelt und verdichtet, 30–50 cm Frostschutzschicht (Kies) verdichtet.
Aufbau für mittelschweren Verkehr (Parkplätze, Hofeinfahrten).
Bettung: 5–10 cm Splitt oder Pflastersand, Körnung ∅ 3–4 mm.
Unterbau: 20–30 cm Schotter als Packlage, eingerüttelt und verdichtet, 30–50 cm Frostschutzschicht (Kies) verdichtet, Tiefe je nach Beschaffung des Untergrundes.

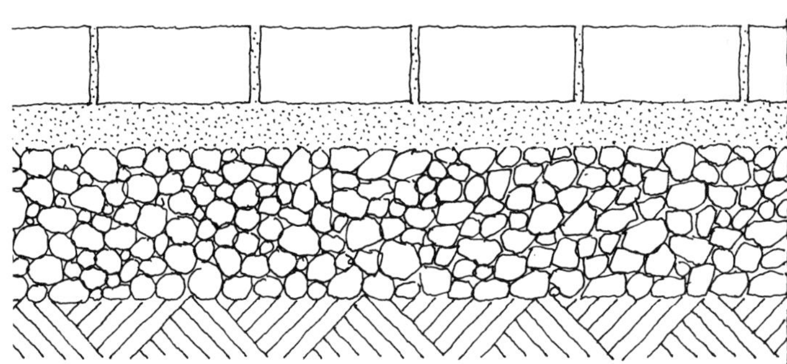

118 Klinker flach verlegt, Aufbau für leichten Verkehr (Gartenwege und Terrassen).
Bettung: 4–5 cm Splitt oder Pflastersand, Körnung ∅ 3–4 mm auf planiertem, festen, wasserdichten Untergrund.
Unterbau: 20–30 cm Frostschutzschicht (Kies) verdichtet, in Gegenden mit gutem, wasserdurchlässigen Untergrund (Kies) kann auf den Unterbau verzichtet werden.

VERLEGUNG AUF BETON

In einigen Fällen, insbesondere auf Tiefgaragendecken, wird eine Verlegung auf Beton nötig. Auf die Betonoberfläche, die mit einem Gefälle von 2% versehen ist, wird ein Magerestrich aufgetragen und verdichtet. Darauf kommt ein 2–3 mm hoher Magerestrichunterbau, auf dem das Pflaster verlegt wird. Erst nach einigen Tagen, in der Regel acht, wird mit Mörtel verfugt. Bei dieser Art der Verlegung ist es wichtig, Dehnfugen in die Fläche mit einzubauen. Für Entwässerung der Oberfläche sollte ebenfalls gesorgt werden.

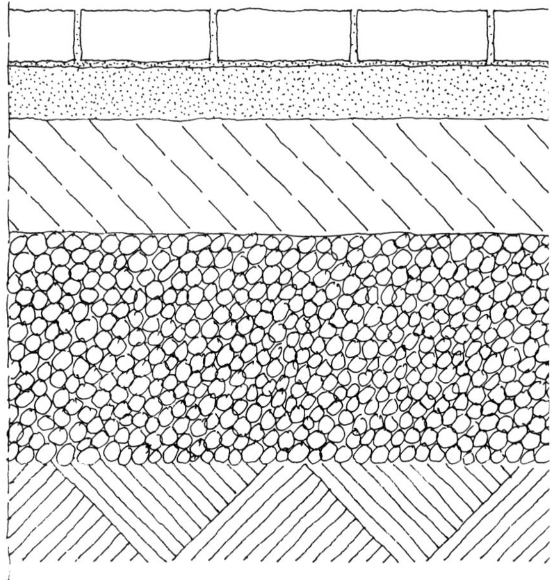

119 Klinkerbelag auf Unterbeton.
Klinker verlegt in Zementschlämme 2–3 mm, Magerestrich mit endgültigem Planum eingebaut und verdichtet.
Unterbeton: Oberfläche mit Gefälle 2% von Haus oder Gebäude (Bewehrung für Bereiche mit schwerer Last notwendig), Dehnungsfugen pro 25 m^2 notwendig.
Unterbau: Verdichtete Frostschutzschicht aus nichtbindigem, wasserdurchlässigen Material (Kies).

ZUSAMMENFASSUNG DER BETTUNGSSTÄRKE UND KÖRNUNGEN DES FUGENFÜLLSANDES FÜR NATURSTEINPFLASTER

	Großstein	Kleinstein	Mosaik
Stärke der Bettung (gerammt)	max. 5 cm	max. 3 cm	max. 3 cm
Körnung der Bettung	2/5 mm	2/5 mm	0/3 mm
Körnung des Fugenfüllsandes	2/5 mm	2/5 mm	0/3 mm
Fugenbreite	max. 10 mm	max. 7 mm	max. 5 mm
Fugendichtung	Fugenvergußmasse	Fugenvergußmasse Bitumenemulsion Traßzement	Romankalk Portlandzement

PFLASTERBEDARF PRO QUADRATMETER*

Natursteinpflaster

Großsteinpflaster	Würfelsteine	25
	Würfel u. Binder	17
	Prismen	43
	Prismen u. Binder	29
	Köpfel	30
	Köpfel u. Binder	20
Kleinsteinpflaster	je nach Größe	100–115
Mosaiksteinpflaster	je nach Größe	270–290

Klinker- und Ziegelpflaster

Rechteckiges Format

240×118 mm	engfugig	34
240×118 mm	breitfugig	31
250×125 mm	engfugig	32
250×125 mm	breitfugig	30
200×100 mm	engfugig	50
200×100 mm	breitfugig	46
240×115 mm	engfugig	35
240×115 mm	breitfugig	32
300×115 mm	engfugig	28
300×115 mm	breitfugig	26
290×145 mm	engfugig	23
290×145 mm	breitfugig	22
300×150 mm	engfugig	22
300×150 mm	breitfugig	20

Quadratisches Format

100×100 mm	engfugig	95
120×120 mm	engfugig	67
150×150 mm	engfugig	43
180×180 mm	engfugig	30
200×200 mm	engfugig	25
210×210 mm	engfugig	23
240×240 mm	engfugig	17

Mosaikklinker

60×60 mm	engfugig	250

Rechteckiges Klinker- und Ziegelpflaster in Längsformat gesetzt

240×58 mm	breitfugig	59
259×60 mm	breitfugig	56

Rechteckiges Klinker- und Ziegelpflaster hochkant gesetzt

200×100×63 mm	breitfugig	67
240×115×52 mm	breitfugig	67
240×115×71 mm	breitfugig	50
250×125×65 mm	breitfugig	54

Rasenziegel

300×145 mm	breitfugig	23

* Die angeführten Stückzahlen sind cirka-Angaben.

LEITLINIEN ZUM RICHTIGEN EINSATZ UND KOMBINATION VON PFLASTERARTEN

Wer das Pflastervokabular vom Steinformat bis hin zu den Verlegungsarten beherrscht, kann Lösungen für jede Situation finden, die der Anlage eine eigene Handschrift verleihen. Die erste Frage ist die der Funktion und Lage der Fläche. Es sollte zwischen Gehweg, Fahrweg, Straße, Platz und Terrasse unterschieden werden. Bei der Lage ist die städtische Umgebung anders als die ländliche zu behandeln. Nach diesem Punkt ergibt sich die engere Wahl des Materials.

Für Gehwege ist Klinker besser geeignet. Dagegen ist in Einfahrtsbereichen und auf Straßen Natursteinpflaster zu bevorzugen. In ländlichen Zonen können Kieselflächen lockerer und passender wirken als streng gestaltete Pflasterflächen.

Bereits bei der Entscheidung, ob und wie Naturstein Verwendung finden sollte, sollte folgendes beachtet werden:

- Funktion und Belastungsgrad der befestigten Fläche
- Ausmaß der befestigten Fläche
- Örtliches Vorkommen von Naturstein und die Verwendung von Natursteinpflaster in benachbarten Anlagen
- Unterteilung und Gliederung der Fläche

Hiernach kann die Form und das Ausmaß der zu pflasternden Fläche festgelegt werden. Ist die Fläche von oben zu sehen, sollte ein ablesbares Ornament überlegt werden.

Ob für Gartenweg, Terrasse, Straße oder Platz, gleichgültig welche Pflasterart gewählt wird, gelten einige Grundregeln zur Gestaltung:

- Jede Fläche soll eingerahmt und eingefaßt sein. Bei einer Platz- oder Terrassengestaltung sollte die Fläche wie ein eingerahmtes Bild mit einem Rahmen und einer Füllung behandelt werden. Ein gleichtoniger Wand-zu-Wand-Teppich ist nicht gewünscht. Eine Hierarchie der Pflasterfläche ist anzustreben.
- Gefälle sind in den Flächen zu berücksichtigen und einzubinden, sie sollten jedoch nicht dominieren. Bei Pflasterflächen reichen ein 1% langes Gefälle, 2% Quergefälle. Starke Gefälle sind, außer in Hangbereichen, zu vermeiden. Eine wellige Oberfläche macht höchstens »seekrank«.
- Gullys, Hofsinkkästen, Deckel jeder Art sollten in die Fläche mit aufgenommen werden. Das Prinzip des Rahmens mit einer Reihe um das Element bindet dasselbe in der Pflasterfläche.
- Entwässerungsrinnen sollten als Gestaltungselemente in die Fläche integriert werden. Wenn Rinnen in einer Pflasterung vorgesehen werden, sollte immer wieder beachtet werden, daß ungerade Zahlen von Pflasterreihen verwendet werden, 3, 5, 7 usw., die in einer konkaven Form verlegt werden.
- Bei der Verwendung von mehreren Verlegungsarten oder Materialwechsel sollte ein Minimum von einer Zeile Pflaster als neutrale Zone gepflastert werden.
- Bei der Wahl des Steinformates sollte eine maßstabsgerechte Größe für die Verlegungsart Verwendung finden. Sowohl Segment- als auch Schuppenpflaster verlieren ihren Reiz, wenn Großsteinpflaster verwendet wird.
- Mit Ausnahme von Wildpflaster sind alle Pflasterarten auf klaren geometrischen Prinzipien aufgebaut. Dies sollte ablesbar sein. Eigene Interpretationen von Geometrie, z. B. zu flache Bögen, zu steile Bögen, oder auf eine Fläche einfach loszupflastern, ohne die notwendigen Vorbereitungsarbeiten zu treffen, können nur zu schlechter Pflasterung führen. Abkürzungen bei den vorgeschriebenen Arbeitsschritten sind nicht ratsam.
- Das Verhältnis zwischen Fuge und Pflaster muß stimmen. Keinesfalls sollte das Fugenmaß dominieren. Eine Ausnahme ist das Rasenpflaster. Ein ausgewogenes Verhältnis zwischen Stein und Fuge sollte angestrebt werden.
- Die Farbe des Natursteinpflasters dunkelt nach. Dies sollte bei der Planung und Auswahl berücksichtigt werden.

120 Ornamentpflaster um einen Hofgully. Der Hofgully wurde bewußt in die Fläche eingebunden.

120a Pflastermuster mit Reihenpflaster. Weiße Carrara-Marmor-Wellen zwischen dunklem Granitpflaster. Eine maßstabgerechte Verwendung von Pflastersteinen, kleine Mosaiksteine als Füllung, Kleinsteinpflaster als Linienführung.

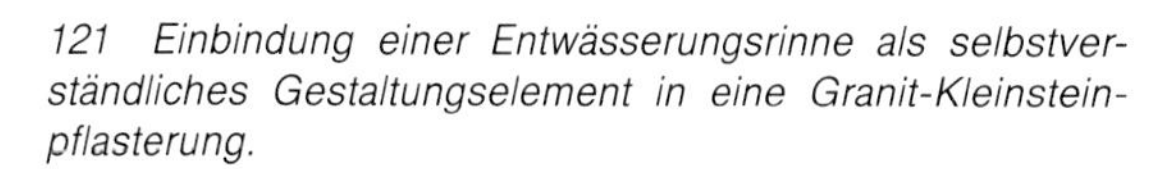

121 Einbindung einer Entwässerungsrinne als selbstverständliches Gestaltungselement in eine Granit-Kleinsteinpflasterung.

- Bei der Verlegung von Kabeln oder sonstigen Arbeiten unter den bestehenden Pflasterflächen sollte das Pflaster sorgfältig hochgenommen, aufbewahrt und nach Beendigung der Arbeiten wieder auf die korrekte Bettung und den Unterbau sowie die richtige Höhe und in das vorhandene Verlegungsmuster gepflastert werden.

Die aufgeführten Punkte sind lediglich bewährte Leitlinien, die sich durch jahrelange Praxis ergeben haben. Die Beachtung dieser Regeln kann den Erfolg der Pflasterung bringen. Eine Garantie kann aber nur die fachgerechte Ausführung durch Spezialisten bieten.

122 Mehrere Gestaltungsprinzipien sind in diesem Detail einer Pflasterung vorgeführt:
- *Einrahmen und Übergang von einem Muster zum anderen durch die Verwendung einer einzelnen Pflasterreihe,*
- *die richtige Steingröße für die Verlegungsart,*
- *eine ablesbare Geometrie.*

BEISPIELE UND ANREGUNGEN

SCHMUCKPFLASTER

Unter Schmuckpflaster versteht man eine besondere Art des Pflasters mit einem hohen künstlerischen Anspruch und fast malerischem Niveau. Aus den einfachen Prinzipien des Pflasters entwickelt, bildet es den Höhepunkt in einer Gartenanlage. Sogar die blühende Pracht der Pflanzen kann in den Schatten gestellt werden. Hier ist Verstand und Gefühl für die Situation gefordert. Keinesfalls sollte Ornamentpflaster überall vorkommen. Dies würde zu überladen wirken. Das Ornamentpflaster sollte als Kostbarkeit in einer Außenanlage mit Bedacht verteilt werden.

Um diese Art von Ornamentpflaster auszuführen, ist Verständnis für das Material, die Farbnuance und Verlegungstechnik sowie das Zusammenspiel von Pflasterflächen notwendig. Wie bereits mehrfach betont, ist handwerkliches Können für das Gelingen dieser Pflasterart maßgebend.

Das Ornament muß nicht aus einer Ansammlung von Materialarten entstehen. Ein Pflaster, dessen Ornamentwirkung aus der Optik einer Verlegungsart entsteht, gesteigert durch ein heiteres Licht- und Schattenspiel, kann ebenso reizvoll sein wie eine bunte Fläche. Dies spricht insbesondere Puristen an, die zur Verwendung eines Pflastermaterials neigen. Hier können Kombinationen von Verlegungsarten verwirklicht werden, die die Ornamentwirkung eines Bereiches erhöhen können.

Die vorgeführten Beispiele sind nach dem Material gegliedert: Natursteinpflaster, Klinker- und Ziegelsteinpflaster und schließlich Kombinationen von den Belagsarten. Weiterhin wird unterteilt nach Pflaster im öffentlichen Raum, also Straßen und Plätze, und Pflaster für den privaten Garten.

Ob aus Sevilla, Norditalien, Nordamerika bis hin zu den zeitgenössischen Prachtstücken hierzulande, die Beispiele haben etwas vom Wert eines kostbaren Gemäldes.

123 Abwicklung eines Bürgersteiges – als Schmuckpflaster-Boulevard.
Radweg: Rotes Klinkerpflaster, in Reihen eingefaßt von Carrara-Marmor-Kleinsteinpflaster.
Baumgraben: Kleinstein-Marmor zeichnet ein grafisches Muster um die Grauwacke »In der Passee«-Pflasterung.
Gehweg: Platten. Hohenzollernring, Köln.

PFLASTER IM ÖFFENTLICHEN RAUM

124,125 Weltberühmte Platz- und Wegepflasterung, entworfen von Roberto Burle Marx. Eine Freude an Ornament und grafischer Form, ausgeführt in Mosaiksteinpflaster, hauptsächlich »In der Passee« gepflastert.
Avenida Atlantica, an der Copacabana, Rio de Janeiro.

126 Die Ornamentwirkung eines einfachen Pflasterbelags, Großsteinpflasterreihen münden in eine Kreuzung. Altstadt von Dachau.

127 Parkbuchtmarkierung in Marmor-Kleinsteinpflaster. Zwischen Groß- und Kleinsteinpflasterflächen wirkt sie wie ein zartes Ornament.
Altstadt von Dachau.

128 Das Ornament ist erreicht durch die gut gelungene Zusammensetzung verschiedener Verlegungsarten und Material. Granit-Doppelstein-Großsteinpflaster in Reihen, Bordüre aus Porphyr-Kleinsteinpflaster in Segmentbögen verlegt. Anschließend Grauwacke-Kleinsteinpflaster, ebenfalls in Segmentbögen.
Königshof, Münchener Residenz.

129 Fußgängerfreundliche Kombination von Materialien. Gehweg aus quadratischem Klinker diagonal verlegt, nicht begehbarer Streifen zur Fahrbahn in Granit-Kleinsteinpflaster. Königsplatz, Augsburg.

130 Eine klassische Materialaufteilung aus der Gründerzeit, Granitplatten zwischen Mosaiksteinpflaster, Streifen aus Granit und Grauwacke, »In der Passee« verlegt. Bürgersteig in Berlin.

131 Kombination von Materialien, gegliedert nach Funktionen: Gehweg in Platten; Baumgraben und Rinne in Grauwacke-Kleinsteinpflaster in Segmentbögen verlegt; Radweg in Klinkerpflaster; Parkstreifen in Granit-Kleinsteinpflaster. Eine großzügige städtische Lösung, passend zu einer Einkaufsstraße.
Hohenzollernring, Köln.

132 Platzgestaltung in Natursteinpflaster: flächige Wirkung von Grauwacke, Hervorheben der in Reihen gesetzten Bäume mit Carrara-Marmorstreifen.
Friesenplatz, Köln.

133 Detail eines Pflasterornaments vor einem Mietshaus-eingang: Oval aus Carrara-Marmor, umrahmt von Porphyr-Kleinsteinpflaster, in Reihen verlegt, gesetzt in eine graue Granitpflasterung.
Berliner Straße, München.

134 Hell-Dunkel-Kontraste, weiße Marmor-Kleinsteinpfla-sterreihen zu bräunlichen Porphyrpflasterflächen in Seg-mentbögen.
Europäisches Patentamt, München.

135 Übergang zwischen Granit-Kleinsteinreihenpflaster und Segmentpflaster mit einem vierreihigen Band von Carrara-Marmor, Kleinsteinpflaster.
Königsplatz, Augsburg.

136 Die Wirkung des Platzes als großstädtische Anlage ist von dem reichen Ornamentpflaster vorgeschrieben. Abwechselnd helles und dunkles Granit-Kleinsteinpflaster, zum Teil in Netzverbund, zum Teil frei gelegt. Avenida da Liberdade, Lissabon, Portugal.

137 Das Prinzip des Rahmens eines Platzes und der Betonung eines zentralen Elements wird in diesem Münchener Brunnenhof aufgegriffen. Das Ergebnis ist ein hervorragend gestalteter Platz. Brunnen, umrahmt von Carrara-Marmor und Basaltpflaster. Zierband aus Basalt in Halbschuppenpflaster, eingerahmt von Carrara-Marmor. Fläche aus Granit-Kleinsteinpflaster, in Segmentbögen gepflastert mit Verwendung von Hufeisen, um Richtungswechsel zu ermöglichen.

138 Detail eines Randpflasters in einem Passagenhof. Roter Granit, Mosaiksteinpflaster in Halbschuppen, als Unterbrechung ein Kreis aus Grauwacke-Mosaiksteinen.

139 Geometrie wird zum Ornament, die Elemente des Pflastermusters sind hervorgehoben, Schuppenbögen und Einrahmung.
Hohenzollernplatz, München.

140 Ornamentpflaster in einem dunklen Passagenhof in München. Reihenpflaster in hellen und dunklen Blöcken, nach dem Schachbrettprinzip gesetzt. Graue Grauwacke-Mosaiksteine abwechselnd mit roten Granit-Mosaikpflastersteinen.

141 Wellenpflasterung, Grauwacker mit Granit. Mosaiksteinpflaster in Cascais, Portugal.

142 Grüße aus »Rio«. Auflösung der rechteckigen Form von einem kleinen innerstädtischen Hof. Wellen aus Porphyr, Granit und Marmor-Kleinsteinpflaster, eine farbenfrohe Lösung.

143 Blick vom 3. Stock. Die aufwendige Pflasterung mit einer Kombination aus altem und neuem Material ergibt eine lebendige, malerische Fläche.
Hinterhof in München.

144 Die versteckten Schätze: Rechteckiger Hof, unterteilt mit einer einfachen Linienführung. Weiße Carrara-Marmor-Reihen zwischen Porphyr-Kleinsteinpflaster in Segmentbögen verlegt.
Innenhof in München.

145 Einfache aber optisch wirksame Platz- und Weggestaltung in einem neu ausgeführten kleinen Garten in den Niederlanden.
Variationen im Reihenverbund, Halbkreise für die Sitzflächen, Längsverbund als Wegeführung, Mittelsteinverbund als Betonung der Mitte.

146 Die Gestaltung wurde in Anlehnung an die Hofgärten Andalusiens ausgeführt: sparsame Verwendung von Pflanzen und Ornament. Klinkerpflaster, in Mittelsteinverbund verlegt. Ein Farbenspiel zwischen Rot, Weiß und Grün. Pausenhof, Scripps College, Los Angeles, USA.

147 Das einzige Ornament in diesem einfachen, platzartigen Hof ist der Bodenbelag. Ziegel, in Fischgrätmuster verlegt, unterteilt durch leicht erhöhte, einzelne Ziegelreihen. Sevilla, Spanien.

148 Eine Spielerei mit grafischen Formen und abwechselnden Belägen. Dreieck, in Ziegelstein gezeichnet, Füllung in eng verlegten Kieseln. Gehbereich in Natursteinplatten um die zu betrachtende und bewußt nicht zu begehende Kieselsteinfläche.
Kräutergarten, Emmanuel College, Cambridge, England, ausgeführt 1960.

149 Sitzplatz unter einer Pergola. Nur die schattige Sitzfläche wurde mit Klinker gepflastert, der offene Hof ist im Kontrast mit Kies bedeckt. Scripps College, Los Angeles, USA.

150, 151 Ornamentpflaster aus Ziegeln, in Blockverbund gesetzt, die einzelnen Felder werden durch schmale glasierte Klinker betont. Platzfläche eingerahmt mit Fischgrätmuster. Aus der Draufsicht und Nähe eine gute Ergänzung zur sparsamen Pflanzung.
Innenhof in einem Hotel an der Côte d'Azur, Frankreich.

PFLASTER IM GARTEN

152, 153 Einfamilienhaus-Garten. Terrassenbelag aus gebrauchtem hellen Großsteinpflaster, unterbrochen mit Fläche von Basalt-Kleinsteinpflaster.

154 Selbstverständlicher Übergang zwischen Pflasterbelag und Pflanzflächen. Granit-Pflastersteine verschiedener Größen fügen sich in den Garten ein.
Garten außerhalb von Paris, Frankreich.

155 Strahlenförmige Baumscheibe aus Wildpflaster zwischen Eisenbahnschwellen.

156 Schmaler Gartenhof, die Pflanzflächen wachsen in den Großsteinpflaster-Belag ein. Burford, England.

157 Einfache, aber effektive Verlegung von Klinkerpflaster im Kreuzverbund.

158 Die mexikanischen Einflüsse sind in der »patio«-ähnlichen Ausführung des Innenhofs klar ersichtlich. Verschieden große quadratische Klinker, im Wildverbund verlegt. Am Rande Aussparungen für die Pflanzflächen. Carmel, Kalifornien, USA.

159 Exotischer Gartenhof: Pflanzbeete, umrahmt von großformatigem Ziegelpflaster, im Läuferverbund gelegt, ein ideales Gegenstück zu der Blattstruktur und der Form der Pflanzen. Los Angeles, USA.

160 Wege und Terrasse, einheitlich in Ziegeln verlegt. Durch Unterbrechung und Richtungswechsel des Reihenverbundes wird die Gefahr einer eintönigen Gestaltung vermieden.
Ausgeführt 1977, Katherine Hall, Douglas Memorial Garden, Scripps College, Los Angeles, USA.

161 Übergang zwischen einem tieferliegenden Platz und der Pflanzfläche. Ziegel hochkant verlegt als Stufen. Hidcote Manor Garden, England.

162 Klinker, hochkant radial um einen einfachen Brunnen verlegt.

163 Wege und Plätze sind alle nach einem einheitlichen Gestaltungsprinzip ausgeführt. Handgeformte Ziegelpflaster, hochkant in Fischgrätmuster verlegt, umrahmt von einer Kalksteinplatten-Einfassung.
Folly Farm, England, ausgeführt 1901.

164 Durch den gesamten Garten, der sich über mehrere Hektar erstreckt, wurden Klinker in Blockverbund verlegt. Ob Gartenwege, Terrassen, Brunnenplätze, überall wurde diese Pflasterart durch meisterhafte Details ergänzt. Entworfen 1916 bis 1919 vom amerikanischen Gartenarchitekt Bruce Porter. Obwohl über 70 Jahre alt, ist der Garten beispielhaft und liefert Details, die in den heutigen Gärten anwendbar sind.
Filoli Garten bei San Francisco, Kalifornien, USA. ▷

165 Übergang vom Klinkerweg zum Rasenweg, vermittelt durch schmale, hochkant verlegte Klinkereinfassung. ▷

166 Stufen im Garten: die Treppenwangen sind in Bögen von Voluten ähnlicher Form ausgebildet. ▷

167 Formale Lösungen zur Einfassung der Stufenanlagen. Hier als niedrige Stützmauer, bekrönt mit Keramik-Pflanztrögen.
Filoli Garten, Kalifornien, USA.

168 Sonnenuhr: Rondellmitte im Gartenweg, die hochkant verlegte Einfassung wird als grafisches Element aufgegriffen. Filoli Garten, Kalifornien, USA.

169 Gartenweg, ausgeführt in ähnlichem System wie bei Folly Farm (Abb. 163), rötlicher Ziegel als Füllung zwischen den Kalksteinplatten.
Marsh Court, England, Haus und Garten, ausgeführt 1901 bis 1904.

170 Vorplatz: Natursteinplatten mit Karrees aus Ziegelpflaster, verlegt in unterschiedlichem Muster.

171 Füllung zwischen Kalksteinplatten: aus Ziegelpflaster in Fischgrätmuster, ebenso als Ornamentfläche behandelt wie das Wasser oder der Rasen. Folly Farm, England.

172 Einer schmückt den anderen, die Hostablätter steigern die Wirkung des schmalen Ziegel-Fischgrätmusters. Folly Farm, England.

173 Breiter Gartenweg vor dem Staudenbeet. Konsequente Durchführung des Wegegestaltungssystems, das den Garten prägt. Folly Farm, England.

174 Detail Einfassung um einen Brunnen. Praktische Kombination von zwei Größen des gleichen Materials. Die dünnen, hochkant in offenen Fugen radial um den Brunnen gesetzten Ziegelplatten ermöglichen, daß das Wasser abfließt. Dagegen bietet das anschließende Ziegelpflaster einen festen begehbaren Belag.

175 In Anlehnung an eine historische Gartenanlage wurde dieser Brunnen mit radial verlegten Klinkersteinen umrahmt. Sutton Place, England.

176 Details aus einem Stadtgarten. Der Gully wird zum Mittelpunkt einer Pflasterung. Eine einzelne helle Reihe Pflaster zeichnet den Wasserverlauf nach.

177 Der Übergang von verschiedenen Richtungen von Klinkerreihen wird mit einem lockeren Streifen Ornamentpflaster gestaltet (Basalt- und Marmor-Kleinsteinpflaster).

178 Wellen aus abwechselnd Ziegel- und Natursteinpflaster verleihen dem Garten einen maritimen Charakter. Hausgarten in Hamburg.

179 Ein Schmuckpflaster für den Garten: ein Kreis aus weißem Carrara-Marmor-Kleinsteinpflaster.

GARTENDENKMALPFLEGE UND PFLASTER

Viele der Pflasterungen, die wir bewundern und als Vorbild nehmen, sind alt und wurden in der Blütezeit des Handwerks ausgeführt. Es ist nicht nur unsere Aufgabe, für das Pflaster der Zukunft zu sorgen, sondern auch das vorhandene zu pflegen und zu schützen. Das Bewußtsein für unser Umfeld, vor allem die Erkennung des Wertes des Denkmalschutzes, hat zu einem gewissen Umdenken in der Beurteilung des Historischen beigetragen. Zählt man noch die Bewegungen zur Erhaltung des Stadtbildes und die zur Bewahrung des Dorfcharakters dazu, dann sind die Zeiten, wo das Alte einfach überrollt wurde, vorbei.
In den Städten, insbesondere im öffentlichen Raum, spielt die Art des Bodenbelags, sei es in Fußgängerzonen, verkehrsberuhigten Wohnstraßen oder bei der Sanierung von Stadtteilen eine große Rolle. Die Diskussion um die passende Pflasterung in historischen Stadtkernen ist besonders rege, und auch im privaten Bereich ist Verständnis für Denkmalpflege gefragt. Mit Vorliebe und Begeisterung werden Altbau-Wohn- und -Mietshäuser gekauft, renoviert und auf Hochglanz gebracht. Diese Tendenz trifft auf alle Städte und auf Anwesen auf dem Lande zu. Informationen über die Bausubstanz, Ratschläge zur Restaurierung und vor allem Aspekte der Baudenkmalpflege sind von vielen Stellen und aus vielen Fachbüchern zu erhalten.
Die Gartendenkmalpflege ist im Vergleich zu ihrer Schwester, der Baudenkmalpflege, noch sehr jung, und daher sind leider sehr wenig Informationen darüber zu bekommen. Die Mühen, die für ein Bauwerk aufgebracht werden, sollten auch für den Garten, für das Umfeld des Hauses gelten. Dies fängt bei den Recherchen an und setzt sich in der Pflege fort.
Von allen Schritten über Planung und Ausführung bis hin zur Fertigstellung und Pflege sind die Recherchen am zeitaufwendigsten. Eine Detektivarbeit, für die Informationen von allen Seiten gesammelt werden müssen. Alte Photographien, Stiche, Zeitberichte können wertvolle Informationen über die Art der Außengestaltung geben. Pläne geben den Grundriß, den Verlauf der Wege und Plätze wie auch die Verteilung von Pflanzbeeten und Bäumen wieder, selten aber Auskunft über die verwendeten Materialien und die tatsächliche Ausführung und Bepflanzung.

Sollte die Suche nach Originalunterlagen erfolglos sein, muß im Garten selbst nach Spuren gesucht werden. Wie bei einer archäologischen Grabung kann man sich auf die Suche nach dem Originalzustand begeben. Gezielte Spatenstiche, schmale Gräben können auf manches hinweisen: den Verlauf eines Weges, den Standort von Pflanzbeeten. Weitere Hinweise können alte Pflastersteine geben, die beispielsweise als Beeteinfassungen verwendet wurden oder zu Steinhaufen in den Gärten umgewandelt sind. Unter dem Asphalt der Zufahrt und der Straße kann auch Pflaster sein.

180 Breiter Weg im Botanischen Garten von Lissabon. Ein sehr aufwendiges Gartenpflaster, typisch für die portugiesische Pflasterkunst.

*181 Neu gestalteter Innenhof unter Verwendung von vorhandenem quadratischen Klinker. Eine gelungene Ausführung, die die Wohnqualität hebt und den historischen Charakter berücksichtigt.
München-Schwabing.*

Im Laufe der Jahre wurden viele Gärten nach modischen Trends neu gestaltet. Wenn nicht in den 20er Jahren oder durch die Kriegsfolgen, so wurden durch die »Moderne« der 60er und 70er Jahre fast alle Spuren des Originalzustandes verwischt. Kenntnis über andere ähnliche Anlagen und die Charakteristiken des Gartenstils der jeweiligen Epochen ist wertvoll. Grundsätzlich können vier Typen von Pflastervorkommen festgestellt werden:

DAS HOF- UND ZUFAHRTSPFLASTER

Bei mehrstöckigen Wohnhäusern mit kaum nennenswertem Gartenanteil wurden die Zufahrt und die Hoffläche mit Großsteinpflaster oder Klinkerpflaster bedeckt.
Noch ältere Anwesen in Markt- und Reichsstädten wie Regensburg, Goslar, Dinkelsbühl weisen auf eine reiche Pflasterkultur hin. Vorerst wurde die Traufe mit Feldsteinen und Kies befestigt, später – mit zunehmendem Wohlstand – wurden der gesamte Fuß- und Vorplatz sowie der Hof des Baues mit Reihen-, Diagonal- oder Ornamentpflaster versehen.

DAS TRAUFPFLASTER

Vorerst als Bodenbefestigung um den Bau, direkt unten und leicht vorragend unter dem Bereich der Traufe, diente das Pflaster zum Ableiten von Regen- und Schmelzwasser vom Dach, so daß die Zone unmittelbar um das Haus trokken blieb. Ursprünglich aus Flußkiesel, Bruchsteinen oder plattenartigem Material, das zufällig zur Hand war, wurde dieses Pflaster später mit zunehmendem Wohlstand in Form von Vorplatzpflasterung erweitert.

DAS STRASSENPFLASTER

Wie bereits unter Naturstein- und Klinkerpflaster erwähnt, wurde aus bescheidenem Ursprung eine Wissenschaft. Fast zu jeder Bauepoche gehört eine bestimmte Art von Straßenpflaster, sei es eine einfache Erdbedeckung oder eine aufwendige Pflasterung. Spätestens im 19. Jahrhundert hatten alle Straßen ein ablesbares Straßenprofil und Straßenabwicklung. Keinesfalls ist ein gleichmäßiger Teppich von Hauswand zu Hauswand richtig. Die Straßenquerabwicklung von Traufe, Gehzone, Entwässerungsrinne, Fahrbahn, Entwässerungsrinne, Gehzone ist gerade in historischen Bereichen beizubehalten. In den 60er Jahren wurden Pflastersteine im Wert von vielen hunderttausend Mark mit Asphalt überdeckt. Der Pflasterbelag wurde zum Unterbett degradiert. Die Reinigung solcher Pflasterflächen ist mühsam. Inzwischen können durch maschinellen Einsatz die Steine gesäubert werden.

DAS GARTENPFLASTER

Bei Objekten aus der Gründerzeit, dem Jugendstil und der Art deco-Periode kann man sicher sein, daß Pflaster im Garten vertreten war. Gezielt eingesetzt im Bereich des Eingangs, der Einfahrt, der Terrassen und gelegentlich auf Plätzen im Garten, wurden dagegen die Gartenwege selbst öfters nur in Kies aufgeführt.

Alle Pflastervorkommen bedürfen einer eigenen Behandlung. Aus einem Traufpflaster soll man kein Gartenpflaster machen. Ein reiches Hofpflaster ist nicht in den Garten zu versetzen. Daß das eine sich aus dem anderen entwickelt hat, ist selbstverständlich und ging Hand in Hand mit der Entwicklung von handwerklichen Techniken, der Erweiterung von Materialien und vor allem dem Wohlstand.
Es ist grundsätzlich zwischen der Restauration einer historischen Fläche oder einer Neuherstellung im historischen Sinn zu unterscheiden. Was gewählt wird, hängt von der vorhandenen Substanz ab.

RESTAURIERUNG VON PFLASTERFLÄCHEN

Bei Baudenkmälern müssen Pflasterflächen nicht nur optisch wirken, sondern auch dem Stil entsprechen. Ausgedehnte Ornamentflächen, Streifen, Zick-Zack-Muster und vor allem Formen von »Kunst am Boden« sind mit äußerster Vorsicht zu gestalten oder umzuverlegen. Zurückhaltung ist eher gefordert als eine mißverstandene Ansammlung von Ornamentpflaster.

Das Ziel sollte die Erhaltung noch vorhandenen Pflasters sein. Eine Reparatur ist gefragt, bei der die Kenntnisse und Fähigkeiten des Pflasterers gefordert werden. Das Oberflächenbild sollte eine Einheit bilden, Reparaturen sollen mit der Fläche bündig sein und nicht herausragen. Auf keinen Fall soll das Gesamtbild gestört werden. Die Prinzipien einer früheren Straßenraumgliederung sollen in denkmalgeschützten Orts- und Stadtkernen berücksichtigt werden. Die Stichworte Traufe, Gehzone, Entwässerungsrinne, Fahrbahn geben die Zone und damit die Pflasterart an.
Eine goldene Regel ist die Verwendung von gebrauchtem Material. Dies gilt sowohl bei Natursteinpflaster als auch bei Klinker. Wie bereits im Kapitel über Steinmaterial erwähnt, besitzt gebrauchtes Material nicht nur die richtige Patina, sondern vielmehr die richtige Größe, das richtige Format und die richtige Farbe. Die Suche nach gebrauchten Materialien ist mühsam. Sollte diese erfolglos sein, ist nur zu raten, die befestigte Fläche zu gliedern und Wertigkeiten zu setzen. Die Platzmitte kann optisch wertvoller als der Rand sein, der Eingang wichtiger als der Platz im Garten. Hier sollte das wertvolle vorhandene Material nach Hierarchie verwendet werden. Die anderen Bereiche sollten aus ähnlichem Format und Material gelegt werden.

DER RICHTIGE STIL FÜR DAS ANWESEN

Im Falle, daß weder historische Unterlagen vorhanden, noch Spuren vom ehemaligen Zustand ersichtlich sind, sollte im Stil der Zeit geplant werden. Wenn Haus und Garten oder Bau und Außenbereich aus einem Guß sein sollen, dann sollte der Baustil des Hauses maßgebend sein. Barocke Anlagen passen ebensowenig zu klassischen Bauten wie Renaissance zum Jugendstil oder Art deco zum Fachwerk. Sehr viel Gefühl und Verständnis wird vom Eigentümer und Planer verlangt. Vor allem muß die Stimmung des fertigen Produkts passen. Bei befestigten Flächen bedeutet dies, daß die Hierarchie von Flächen eingehalten und daß der Ornamentstil der Zeit getroffen wird. Innerhalb des Stils sollten die Regeln eingehalten werden. Trotzdem bleibt genügend Raum für individuelle Lösungen. Soweit wie möglich sollte das örtliche Material Verwendung finden. Ausflüge in die Umgebung sind oft sehr hilfreich, um Ideen und Anregungen zu sammeln. Für das jeweilige Projekt sollte eine Art Musterkatalog zusammengestellt werden, bestehend aus Verlegungsarten und Pflastermustern. In den Stadt- und Landkreisen mit einem ausgeprägteren Denkmalsempfinden ist es einfach, Hinweise zu finden. Darmstadt, Wiesbaden, Berlin, Kassel, Goslar, Freiburg und Salzburg sind Pflasterhochburgen. Hinzu kommen noch einige Städte, die erst in diesem Jahrhundert eine Pflasterkultur entwickelt haben, wie z. B. München, Augsburg, Mainz, Köln und Bonn.
Eine Renaissance, hauptsächlich durch Verkehrsberuhigung und die Schaffung von Fußgängerzonen, haben Regensburg, Landshut, Lübeck, Dinkelsbühl und Dachau erlebt. Ohne Zweifel sind diese Aufzählungen unvollständig. Sollten keine Beispiele in der näheren Umgebung zu besichtigen sein, kann nur angeregt werden, vorerst in Gartenbüchern zu blättern und anschließend eine »Pflaster«-Studienreise zu unternehmen. Ein hervorragendes Plädoyer für die Pflasterdenkmalpflege ist das Buch »Pflaster, Kunst die man mit Füßen tritt«, eine Art Bilderbuch des Natursteinpflasters.

182 Musterhafte Beispiele von der Sanierung und Verkehrsberuhigung eines historischen Bereiches, hier im Übergang zu ländlichen Zonen. Schmale Kleinsteinpflasterzone zu den Vorgärten, Rinne aus Granit-Großsteinpflaster. Fahrbahn gewölbt, ausgeführt in Granit, Kleinsteinpflaster in Segmentbögen.
Am Gries, Regensburg.

183 Regensburg, nach dem Wettbewerb von 1982 Neugestaltung des historischen Stadtkerns unter Berücksichtigung einer Straßenraumgliederung. Granit-Kleinsteinpflaster, in Reihen verlegt, Rinne im historischen »Hirschlinger Großsteinpflaster«.
Tändlergasse, Ecke Krimgasse, Regensburg.

184 Traufe und Gehweg in Granit-Kleinsteinpflaster, in Reihen verlegt, Fahrbahn in Granit-Großsteinpflaster. Pfarrergasse, Regensburg.

PLATZGESTALTUNG IN HISTORISCHEM SINN AM BEISPIEL PRINZREGENTENPLATZ, MÜNCHEN

Am Ende der prachtvollen Achse der Prinzregentenstraße war der Prinzregentenplatz vom Verkehr so zerschnitten, daß der Platz als Raum nicht mehr erkennbar war. Mit dem Ausbau der U-Bahn-Linie war eine Neugestaltung des Platzes möglich. Die umgrenzenden Mietshäuser, im barockisierenden Jugendstil, wie auch die Abwicklung der Prinzregentenstraße nach den Plänen von Theodor Fischer gaben den Ton für den Platz an. Trotz starken Verkehrs sollte der Platz als räumliche Einheit ablesbar sein. Ein diagonal zum Platz laufendes »Lilien«-Muster, ein hell-dunkler Pflasterteppich vereint die zwei Teile des Platzes nicht nur aus der Sicht der umrahmenden Häuser, sondern auch für den Autofahrer. Das »Lilien«-Muster ist zwar Aushängeschild für den Platz, ist jedoch nur ein Teil der Platzgestaltung, der eine klare Gliederung aufweist: der Traufzone am Gebäude, danach Gehweg, Radweg und ein Grünstreifen als Pufferzone zum offenen Platz.

185 Skizzen als Vorlage für die Randbordüre.

186 Vorgeschlagene Pflasterung des Gehweges am Rande des Platzes.

187 Südliche Platzhälfte. Blick auf den zentral gelegenen Brunnen, flächenhafte Wirkung des »Lilien«-Pflasters. Fertigstellung des Platzes Herbst 1988.

188 Klare Gliederung, am Rand des Platzes geordnet nach Funktionen: Traufzone am Gebäude, Gehweg und Radweg aus gekupptem quadratischen Klinkerpflaster. Grünstreifen als Trennung zum offenen Platz.

189 Skizzenvorlagen für das »Lilien«-Muster. Die Bogenbreite wurde nach der Breite des Platzes errechnet. Ausführung in hellem und dunklem Granit-Kleinsteinpflaster.

190 Nördliche Hälfte des Platzes. Eine Zufahrtsstraße mußte im Platz integriert werden. Nur durch Poller vom restlichen Platz getrennt, wurde diese Pflasterfläche durch die häufige Befahrung mit gummibereiften Fahrzeugen schnell dunkel, obwohl zur gleichen Zeit und in der gleichen Pflasterart ausgeführt.

PFLASTER IN EINEM JUGENDSTILGARTEN

Im Einklang mit dem Baustil des Hauses wurden Wege und Plätze mit einer einfachen, zurückhaltenden, aber dem Stil entsprechenden Pflasterung versehen. Die Muster wurden zwischen Landschaftsarchitekt, Pflasterer und Hausherr entwickelt.

◁ 191 Terrasse vor dem Sommerhaus. Meisterhaft gekonnte Ausführung des Granit-Kleinsteinpflasterbelags, aufgeheitert durch eine sparsame Reihe Carrara-Marmor.

192 Gartenweg. Hellgraues Granit-Kleinsteinpflaster, in Segmentbögen verlegt, begleitet und eingefaßt von etwas größerem Carrara-Marmor-Kleinsteinpflaster.

193 Platz und Weg im Vorgarten. Fortsetzung des Prinzips von Marmor-Kleinstein als Wegeinfassung, anschließend Granit-Kleinsteinpflaster in Schuppenbögen, mittige Fläche Basalt-Kleinsteinpflaster, in gleicher Verlegungsart durch einzelne Marmorzeilen hervorgehoben. Die Hierarchie von Pflasterflächen und das Betonen von Bereichen, je nach Wertigkeit, ist Handschrift des Jugendstilpflasters.

PASSÉE WIEDERENTDECKT

Vor der Wende als seltene Pflasterart eingestuft, bekannt von alten Photographien oder nur vereinzelt als ornamentales Mosaikfries, ist jetzt eine Neuordnung der Pflasterverlegungsarten notwendig. Die Quadratkilometer von Passéepflaster auf Straßen, Wegen und Plätzen, die in den neuen Bundesländern zum Vorschein kamen, sind Zeugnis einer reichen Pflasterkultur. Nicht nur Mosaikstein-, sondern auch Kleinstein- und Bruchsteinpasséepflasterungen sind zu entdecken. Pflaster, das in anderen Teilen Deutschlands Seltenheitswert hat, ist in allen möglichen Formen mit oder ohne eingearbeitete Ornamente vertreten. Es bleibt nur zu hoffen, daß viele dieser Flächen uns erhalten bleiben, daß sie verständnisvoll instandgesetzt oder gar neu gepflastert werden.
Erstaunlich sind die Variationen innerhalb dieser Pflasterart, vieles liegt in den Händen des Pflasterers: unter anderem, wie die Steine gesetzt werden und in welchem Rhythmus die Richtung gewechselt wird.
Nach Beschreibungen von Alexander Knoll, der in den 20er Jahren mehrere Bücher über die Steinsetzerbewegung geschrieben hat, ist dies die schwierigste Verlegungsart, »da der Arbeiter bei der Herstellung immer darauf bedacht sein muß, daß die Stoßfugen möglichst in der Winkelstellung von 45 Grad zur Straßenachse zu stehen kommen, daß niemals die Ecken von 4 Steinen an einer Stelle zusammenstoßen und somit auch keine viereckigen Löcher anstatt der Fugen entstehen: Um das letztere zu vermeiden, muß der Steinsetzer darauf achten, daß die einzelnen Ecken im fertigen Pflaster immer groß genug sind, um den nächsten Stein aufnehmen zu können. Wenn beispielsweise das kleinste Ausmaß der verarbeiteten Steine 15 cm beträgt, so darf keine Ecke da sein, die nur Platz für einen Stein von 10 cm Dicke bietet, weil dann entweder ein zu kleiner Stein eingefügt werden müßte oder ein faustgroßes Loch entstünde, was beides unzulässig ist« (Alexander Knoll, Geschichte der Straße und ihrer Arbeiter).

194 Nicht nur große öffentliche Flächen können mit Passée gepflastert werden. Es eignet sich auch für einfache Gartenwege.

195 Diagonal verlegte Gehwegplatten, anschließend eine schmale Bordüre aus dunklem Mosaiksteinpassée. Durch zwei neutrale Reihen eingefaßt und von der hellen Passéepflaster-Fläche getrennt.

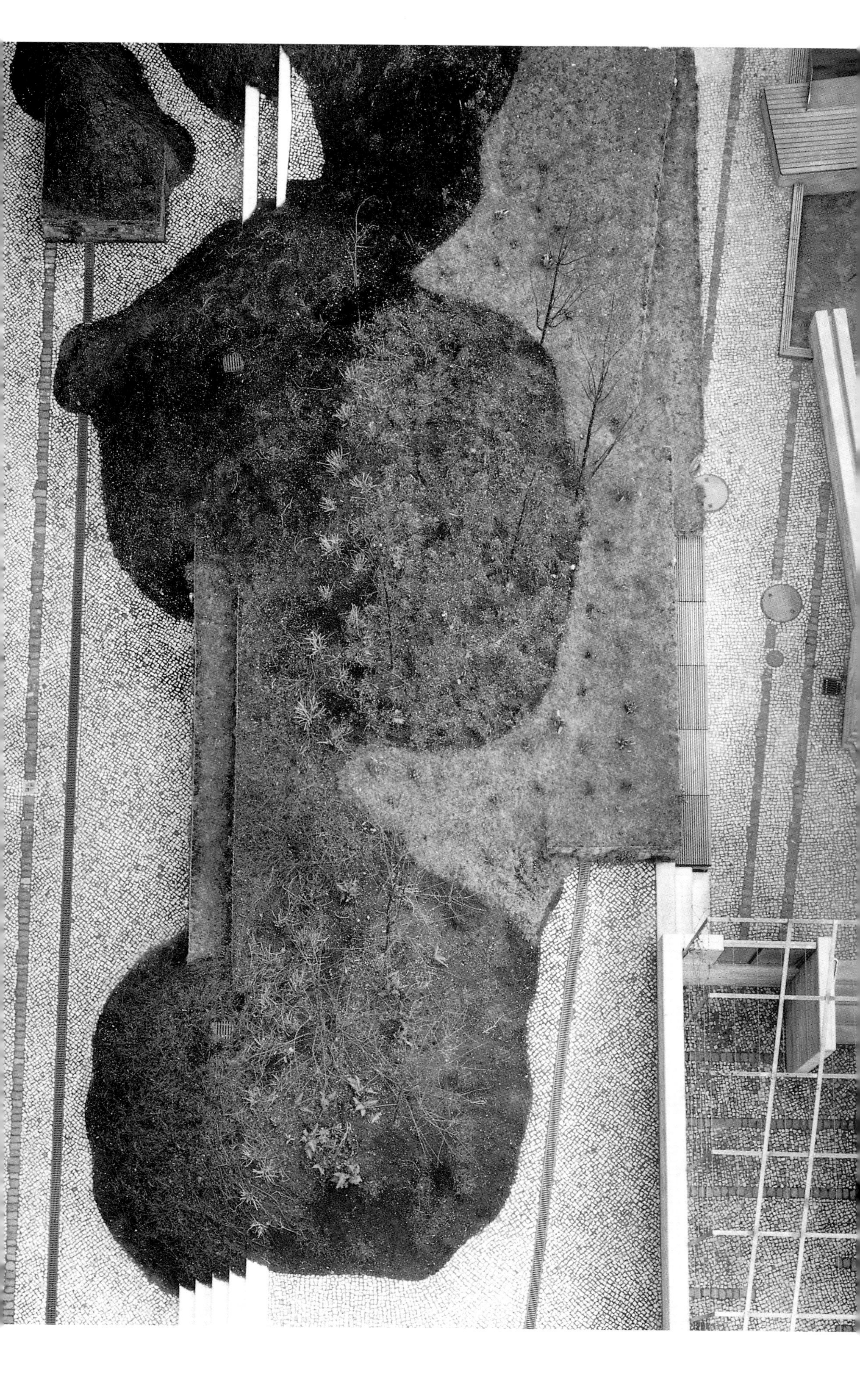

197 *Nahaufnahme von Passéepflaster aus unterschiedlich großem Mosaiksteinpflaster.*

198 *Ein Mosaik-Ornament aus Passéepflaster vor der Semper-Oper in Dresden. Die Pflastersteine sind so genau ausgesucht, daß sie in die jeweiligen Flächen passen, ohne daß »Zwickelsteine« eingestopft werden müssen.*

199 *Für einen Eingangsbereich in Berlin/Friedenau wurde ein Ornament in Passéepflaster eingearbeitet – eine typische Verwendung, wie man sie zum Beispiel auch in Darmstadt finden kann.*

◁ 196 *Außer historischen Beispielen für Passéepflaster gibt es auch Neupflasterungen, wie in diesem Berliner Gartenhof, die einen ermuntern, Passée zu verwenden. Das Passéepflaster ist in Feldern verlegt, die von dunklen durchlaufenden Streifen gerahmt werden.*

Dabei aber soll jeder Stein auf den ersten Blick »passen«, ein langes Suchen nach der passenden Ecke gilt als Stümpern und würde auch dem Arbeiter, dem das passiert, sehr bald Nachteile bringen. Ein guter »Passéepflasterer« erfreut sich daher immer eines gewissen Ansehens, er hat den höchsten Grad technischer Fertigkeit und Vollkommenheit erreicht.

Die Tatsache, daß wenige Pflasterer diese Verlegungsart jetzt noch beherrschen, ist bedauerlich. Während der letzten Jahre waren die Bogenpflasterungen – Segment- und Schuppenbogen – gefragt, Passée gehörte einfach nicht zu den gängigsten Verlegearten in den alten Bundesländern.

Die Pflasterkarte hat sich radikal geändert, das Verständnis für eine regionale Verteilung von Verlegungsarten ist gefordert, wie auch die Integration dieser Pflasterart in die Pflastererausbildung.

Passée, auch Schiebepflaster oder geritztes Pflaster genannt, sollte nicht in die Abteilung »historisch« abgeschoben werden; kleine Restflächen ebenso wie größere Anlagen, die wenig befahren werden, lassen sich gut in dieser Verlegungsart ausführen.

ANHANG

LITERATUR

Arbeitsgemeinschaft Pflasterklinker Bonn, Die Gestaltung gepflasterter Klinkerflächen, Bonn o. J.

Alfred Baetzner, Natursteinarbeiten, Stuttgart 1958, 1983

Michael Balston, The Well-Furnished Garden, London 1986

Fachabteilung Granitindustrie Bayerischer Wald, Ludwig Bauer (Red.), Gewinnung, Verarbeitung und Verwendung von Granit aus dem Bayerischen Wald, Passau 1979

Marianne Beuchert, Die Gärten Chinas, Köln 1983

John Brookes, The Small Garden, London 1978

Beiträge in der Zeitschrift: Garten + Landschaft, München, 4/79, 8/79, 10/85, 11/85, 12/85, 1/86, 2/86, 10/86

Heidi Howcroft, Das Pflaster im Garten, München 1996

Rudolf Jubelt, Peter Schreiter, Gesteine, Stuttgart 1980

Jörg Katz, Uli Kreh, Pflaster, Kunst, die man mit Füßen tritt, Köln 1984

Günther Mehling (Hrsg.), Natursteinlexikon, München, 1993

Friedrich Müller, Gesteinskunde, Ulm 1984

Peter Nickl u. Heidi Howcroft (Red.), Die Kunst des Pflasterns, Ausstellungskatalog, München 1985

Stadt Regensburg, Planungsdezernat, Regensburg – Straßen und Plätze in der Altstadt, Regensburg 1988

Josef Stübben, Der Städtebau, Reprint der 1. Auflage von 1890, Braunschweig/Wiesbaden o. J.

Elizabeth Wilkinson, Marjorie Henderson (Red.), The House of Boughs, New York 1985

Heinz Wolff, Das Pflaster in Geschichte und Gegenwart, München 1987

Ziegelforum, Ziegel-Lexikon, München 1988

Max Ziegler (Bauinnung München), Fachkunde für Straßenbauer, München 1978

Landeshauptstadt München/Baureferat, Prinzregentenplatz 1900–1988, Festschrift zur Einweihung des Platzes Okt. 1988, München 1988

BEREITS VERGRIFFENE LITERATUR

Das Kleinsteinpflaster, seine Herstellung, praktische Bewährung und zweckmäßige Anwendung, Stade 1910

Dieter Boeminghaus, Mauern und Wege, München 1982

A. Knoll, Geschichte der Straße und ihrer Arbeiter, Band I: Die Straße, Leipzig 1924

Wilhelm May, O. Täntzer und O. Schumacher, Lehrbuch für Steinsetzer, Berlin 1912

August Merkle, Süddeutsche Mosaikstein-Industrie, Katalog, Ulm 1930

Friedrich Müller-Eichner, Fachkunde für Straßenbauer, Leipzig u. Berlin 1939

Friedrich-Wilhelm Noll, Verbilligung des Steinpflasters und Erhöhung seiner Wirtschaftlichkeit, München 1919, Reprint 1985

Alexander Spelz, Der Ornamentstil, Berlin 1904

LANDSCHAFTSARCHITEKTEN ODER ARCHITEKTEN DER ABGEBILDETEN PROJEKTE

John Codrington, England, Seite 106 (oben)
Andrea Ernst, Landschaftsarchitektin, München, Seite 71
Beatrix Farrand, Landschaftsarchitektin, USA, Seite 43 (rechts)
Prof. Helmut Gebhard, Architekt, München, Seite 23 (unten), 91 (oben)
Ineke Greve, Heerlen, Holland, Seite 103
Herta Hammerbacher, Landschaftsarchitektin, Berlin, Seite 36
Gottfried Hansjakob, Landschaftsarchitekt, München, Seite 30 (unten), 86 (oben), 94 (unten links)
Martin Heimer, Landschaftsarchitekt, Hildesheim, Seite 115
Raimund Herms, Landschaftsarchitekt, Hamburg, Seite 127
Heidi Howcroft, Landschaftsarchitektin, München, Seite 143, 144
Sir Geoffrey Jellicoe, Landschaftsarchitekt, Sussex, Seite 125
Gabriele Kiefer, Landschaftsarchitektin, Berlin, Seite 146
Sir Edwin Landseer Lutyens, Architekt, London, Seite 65 (unten), 75, 116, 120, 122, 123, 124
Roberto Burle Marx, Landschaftsarchitekt, Rio de Janeiro, Seite 88, 89
Wolfgang Miller, Landschaftsarchitekt, Stuttgart, Seite 108
Wolfgang Mueller, Landschaftsarchitekt, Willich, Seite 58, 61 (oben), 62, 65 (oben)
Hartmut Mumme, Landschaftsarchitekt, München, Seite 126 (links)
Günther Schulze, Landschaftsarchitekt, Hamburg, Seite 2, 112
Adelheid Gräfin von Schönborn, Landschaftsarchitektin, München, Seite 11, 86 (unten), 97
Teja Trüper, Christoph Gondenson, Landschaftsarchitekten, Lübeck, Seite 110
Rosemary Verey, England, Seite 63 (oben)

PLANUNGSGEMEINSCHAFTEN

Alfred Aschauer, zusammen mit dem Baureferat der LH. München, Seite 98 (unten)
Baureferat der Stadt Augsburg unter Stadtbaurat Schmidt, Seite 85 (unten)
Baureferat, Gruppe Straßenbau der LH. München, Seite 32
Hans Engel, Architekt, Frieder Pfister, Umweltgestalter, Jürgen Schiffler, Verkehrsplaner, Augsburg, Gottfried Hansjakob, Landschaftsarchitekt, München, Seite 33 (oben), 92 (oben), 95
Ernst van Dorp, Architekt, Bonn, Gottfried Hansjakob, Landschaftsarchitekt, München, Seite 87, 93, 94 (oben)
Alexander Freiherr von Branca, Heinz Hilmer, Christoph Sattler, Architekten, München (U-Bahn-Hof und Abgänge), Gottfried Hansjakob, Landschaftsarchitekt, München (Ausführung der Freianlagen), Seite 138–141
Architekten Schneeberger, Huckmann, Röth, Weiden, Amberg, Seite 135, 136, 137

BILDHAUER

Johann Ludwig Gildein, Bildhauer, München, Seite 101

BILDNACHWEIS

Callwey Verlag 20, 25
Heribert Denner 62, 103, 108, 142–144, 181
Haakon Hagel 196
Gottfried Hansjakob 32, 41, 46, 48, 59, 60, 120a, 124, 125, 129, 130, 135, 147
Marijke Heuff 145
Heidi Howcroft 3, 4, 15, 16, 18, 23, 24, 27, 28, 30, 34, 36, 37, 44, 45, 47, 50, 52, 55, 57, 58, 66–69, 74, 76, 83, 84, 91, 93, 94, 97, 98, 105, 106, 109, 110, 120, 122, 127, 128, 133, 138, 140, 146, 148–151, 156, 158–160, 163–168, 171–173, 185, 186, 189, 197, 198
Peter Howcroft 7, 12, 14, 22, 26, 29, 38, 40, 71, 77–81, 85, 86, 88–90, 95, 99–102, 115, 117–119
Dunja Kirchner 116
H. Kurth 123, 131, 132
Georges Lévêque 154
Karl Ludwig 10, 11, 96, 104, 107, 134, 176, 177, 179
George Meister Titel, 13, 17, 19, 21, 31, 33, 63–65, 111–114, 121, 126, 137, 139, 187, 188, 190–193
Christine Menzebach-Füß 92, 161, 169, 170, 174, 175
Wolfgang Niemeyer 39, 178
Manfred Ruckszio 6, 61, 72, 87
Robert Schäfer 2, 5, 8, 9, 42, 49, 141
Binette Schroeder 53, 54, 56
Katrin Schulze 194, 195, 199
Städtische Lichtbildstelle, Museum der Stadt Regensburg 182–184
Wolfram Stehling 1, 70, 73, 75, 82, 152, 153, 155, 157, 162
Gerhart Teutsch 51
Roland Thomas 43, 136, 180
Max Ziegler 35